韩国语能力考试必备系列

三 下

# 留学韩国语

## 유학 한국어

昊天海月国际文化传媒与韩国檀国大学《留学韩国语》教材编写组共同编写

万玉波 〔韩〕刘素瑛 主编

邢 娜 李洪鹄 〔韩〕安槿玲 编著

北京大学出版社
PEKING UNIVERSITY PRESS

图书在版编目(CIP)数据

留学韩国语. 三. 下 / 万玉波, (韩) 刘素瑛主编. —北京：北京大学出版社，2018.4
(韩国语能力考试必备系列)
ISBN 978-7-301-27845-1

Ⅰ.①留…　Ⅱ.①万…②刘…　Ⅲ.①朝鲜语—水平考试—自学参考资料　Ⅳ.①H55

中国版本图书馆CIP数据核字(2017)第310283号

感谢韩国檀国大学对本书的支持，感谢李在董副校长、刘素瑛教授、
曹成铉主任对本书的出版付出的所有努力。

| | | |
|---|---|---|
| 书　　名 | 留学韩国语(三)(下) |
| | LIUXUE HANGUOYU |
| 著作责任者 | 万玉波　〔韩〕刘素瑛　主编 |
| 责任编辑 | 刘　虹 |
| 标准书号 | ISBN 978-7-301-27845-1 |
| 出版发行 | 北京大学出版社 |
| 地　　址 | 北京市海淀区成府路205号　100871 |
| 网　　址 | http://www.pup.cn　　新浪微博:@北京大学出版社 |
| 电子信箱 | zbing@pup.pku.edu.cn |
| 电　　话 | 邮购部 62752015　发行部 62750672　编辑部 62754382 |
| 印 刷 者 | 北京宏伟双华印刷有限公司 |
| 经 销 者 | 新华书店 |
| | 787毫米×1092毫米　16开本　14.75印张　442千字 |
| | 2018年4月第1版　2018年4月第1次印刷 |
| 定　　价 | 69.00元 |

未经许可，不得以任何方式复制或抄袭本书之部分或全部内容。
**版权所有，侵权必究**
举报电话: 010-62752024　电子信箱: fd@pup.pku.edu.cn
图书如有印装质量问题，请与出版部联系，电话: 010-62756370

# 前　言

如何能够做到快速熟练地使用一门外语既是学习者追求的目标，又是所有外语教育工作者不断钻研的课题。随着1992年中韩建交，两国之间的经贸往来及文化交流不断深入，加之韩流在中国的盛行，越来越多的学习者开始关注韩语，并期望尽快掌握这门语言。然而，与英语等通用外语语种比起来，韩语的教学及研究还处在起步与发展阶段，20世纪90年代以后才出现了真正意义上的韩语教育，因此，如何让中国人快速而准确地学会韩语，还有很多亟待解决的教学问题。

与此同时，赴韩留学的人数也在逐年增多，数以万计的学子们不仅仅期待着掌握韩国的日常用语，还迫切希望尽快达到入读韩国大学本科、硕士专业学习的水平。为适应这一需求，北京大学外国语学院于2006年开办了留学韩语培训班。现在，北京大学的留学韩语培训已经走过了十个春秋，教师团队针对短期韩语强化积累了丰富的教学经验，如果能够将教学成果编辑成书，必然会使更多学子受益。鉴于此，昊天海月国际文化传媒（北京）有限公司组织北京大学留学韩语培训班的部分中韩教师，联合韩国檀国大学共同编写了本书。檀国大学是韩国的传统名校，对外韩语教育已经有近30年的历史，有着丰硕的教研成果。学科长刘素瑛教授是韩语教育领域的知名学者。因此，本书既融合了北京大学留学韩语培训班一线教师的教学经验，又汇聚了韩国檀国大学韩语教育的精髓，本书将让韩语学习变得既实用有效，又原汁原味地展现韩语的特点和魅力。

本书共计4级8册，全部采用韩文编写。本书倡导沉浸式学习模式，希望在学习之初便将学习者直接带入韩语语境。同时本书以几位在韩学习的学生为主人公，围绕着他们的学习生活展开，一、二级以解决生活用语为目标，三、四级以达到进入大学专业学习的语言能力为目标。课文内容以在韩国的学习生活为背景，生动有趣，真实好用。同时，每课课后添加了文化生活小常识，对希望了解韩国以及即将赴韩留学的学习者来说将大有裨益。本书单词释义、对话及课文译文扫描本页上端的二维码可得，学习者可在每一课学习结束后的复习时，用于参考。为保证学习效果，在该课学习之前，可暂不参考。

本书的出版得到了韩国传统名校檀国大学国际处国际交流副校长李在董博士、檀国大学国际教育中心刘素瑛教授、檀国大学国际处曹成铉主任的鼎力支持，在此对他们的辛勤付出表示感谢！

# 교재 사용법

## 1. 학습 구성표

각 과의 기능과 문법, 어휘와 표현을 하나의 표로 제공하여 학습자들이 이 책에서 배우는 내용을 한 눈에 파악할 수 있도록 배려했습니다.
（用一张表向读者展示每课的学习目标、语法、词汇及表现，令读者对本书的学习内容一目了然。）

## 2. 들어가기

각 과의 학습목표와 어휘, 문법 항목들을 제시하였습니다. 그리고 각 과의 중요한 표현을 대화로 제시하여 어떤 상황에서 사용하는지 실제 사례를 보여 학습 동기를 높였습니다.
（各课的学习目标及词汇、语法。用对话展示每课的重要句型，用实际例子更直观地表现出句型的用法。）

## 3. 어휘와 표현

각 과에 나오는 어휘를 명사, 동사, 형용사, 표현으로 분류하고 이를 다시 의미별로 분류하여 제시하였습니다. 이는 학습자들이 각각의 어휘가 속한 품사와 의미 그룹을 이해할 수 있도록 하기 위한 것입니다.
（将各课出现的词汇按照名词、动词、形容词、惯用语等分类。再按含义的区别予以分类。这便于学习者对词汇的词性与含义的准确把握。）

## 4. 문법

각 과에서 배워야 할 문법을 예문을 통해 의미를 제시하고 형태 연습과 회화 연습을 함께 제시하였습니다. 이는 한국어의 문법 항목들이 가지는 의미와 형태의 변화를 연습하게 하고 적절히 사용할 수 있도록 충분한 연습과 활용을 제공하기 위한 것입니다.

（通过例句表达出每课应学语法的含义，并进行形态练习和会话练习。这是为了熟悉韩国语语法项目的意义和形态，并恰当地使用这些语法而进行的练习。）

## 5. 말하기

각 과에서 학습한 어휘와 문법 항목들을 활용하여 의사소통 과제를 해결하는 다양한 활동을 제공하였습니다. 이를 통해 학습자들은 좀 더 생생한 한국어 말하기 능력을 키울 수 있을 것입니다.

（利用每一课中所学习的词汇和语法项目，进行对话交流的多样化的活动。通过这些活动，学习者们能够培养生动的韩国语法感与实际运用能力。）

## 6. 듣기 / 읽기 / 쓰기

듣기와 읽기는 각 과에서 배운 내용을 머릿속에 정리하고 확인하는 역할을 합니다. 쓰기는 말하기, 듣기, 읽기 등의 활동을 통해 습득된 내용을 바탕으로 학습자 자신의 이야기를 문장으로 표현하는 연습을 할 수 있습니다.

（听力与阅读是在脑海中整理每课学到的内容，并予以巩固的过程。写作是以口语、听力、阅读等环节学到的内容为基础，将学习者们自身的语言用句子表达出来的一项练习。）

교재 사용법

# 등장인물

스테파니　　　리에　　　애니

크리스　　　마리오　　　리우팅　　　토린

# 목차

학습 구성표 / 8
일러두기 / 10

09 컵라면이라도 먹읍시다. ............................................................. 13
10 비밀을 말해 버렸어요. ............................................................... 37
11 제가 고등학교 때 타고 다녔던 자전거예요. ............................ 55
12 리우팅 씨 집에서 생일 파티를 한대요. ................................... 79
13 겨울에는 살이 찌기 마련이에요. ............................................. 107
14 강아지한테 과자를 먹여도 돼요? ............................................ 131
15 준비하려면 많이 힘들 텐데 제가 도와줄까요? ..................... 151
16 멋진 통역사가 되기를 바랄게요. ............................................ 174

듣기 지문 ............................................................................................ 197
번역문 ................................................................................................. 203

# 학습 구성표

| Chapter | 제목 | 기능 |
|---------|------|------|
| 09과 | 컵라면이라도 먹읍시다. | 계획하기, 예측하기 |
| 10과 | 비밀을 말해 버렸어요. | 재구성하기, 충고하기 |
| 11과 | 제가 고등학교 때 타고 다녔던 자전거예요. | 회상하기, 권유하기 |
| 12과 | 리우팅 씨 집에서 생일 파티를 한대요. | 전달하기, 설명하기 |
| 13과 | 겨울에는 살이 찌기 마련이에요. | 상담하기, 조언하기 |
| 14과 | 강아지한테 과자를 먹여도 돼요? | 진술하기, 부탁하기 |
| 15과 | 준비하려면 많이 힘들 텐데 제가 도와줄까요? | 감상하기, 후회 표현하기 |
| 16과 | 멋진 통역사가 되기를 바랄게요. | 권유하기, 안내하기 |

이 책에서는 어떤 것을 배울까요? 각 과에서 배우는 내용을 하나의 표로 제공하여 한 눈에 파악할 수 있도록 하였습니다.

| 어휘와 표현 | 문법 |
|---|---|
| 여행 | A-고(도) A / N(이)라도 / A/V-기만 하다 / A/V-다 보면 / A/V-(으)ㄹ지도 모르다, N일지도 모르다 / A/V-(으)ㄹ까 봐(서), N일까 봐(서) |
| 분실 | V-아/어 버리다 / V-는 사이에 / 아무리 A/V-아/어도 (A/V-아/어도) / V-는 한 / A/V-지 않으면 안 되다, N이/가 아니면 안 되다 / V-고 나면 |
| 전통문화 | A/V-던 N / A/V-았/었던 N / A/V-고말고(요), N(이)고말고(요) / A/V-(으)ㄹ 정도(로) / A/V-(으)ㄹ 만하다 / A/V-기도 하다, N이기도 하다 |
| 음식과 요리 | V-ㄴ/는대요, A-대요, N(이)래요 / A/V-냬요, N(이)냬요 / V-재요, V-지 말재요 / V-(으)래요, V-지 말래요 / A/V-(으)ㄹ 거래요, N일 거래요 / V-(으)ㄴ/는 대로, N대로 / N에다(가) |
| 운동과 건강 관리 | A/V-(으)ㄴ/는데도 (불구하고), N인데도 (불구하고) / A/V-(으)ㄴ/는 탓에, N 탓에, N인 탓에 / A/V-잖아요, N(이)잖아요 / A/V-(으)ㄴ/는 편이다 / A/V-기 마련이다 / N(이)나마 |
| 부탁 | A/V-더라고요, N(이)더라고요 / V-도록 / N 덕분에 / N이/가 (N에게) N을/를 V / V-게 하다 / N을/를 시키다 |
| 문학과 예술 | N에 대해(서)/대한 / V-다시피 / A/V-(으)ㄴ/는 반면에, N인 반면에 / A/V-(으)ㄴ/는 척하다, N인 척하다 / A/V-(으)ㄹ 텐데, N일 텐데 / V-기 |
| 교통 | A/V-(으)ㄹ 테니까, N일 테니까 / A/V-(으)ㄹ지라도, N일지라도 / V-도록 하다 / N(으)로써 / N에 따라(서) / V-기(를) 바라다 |

# 일러두기*

*进阶 에서는 한국어의 일상적인 어휘와 문법을 익히고 다양한 연습을 통해 가족 소개하기, 물건 비교하기 등의 의사소통 과제를 해결하는 능력을 기를 수 있도록 구성하였습니다. 문법에서 기호 N은 명사, A는 형용사, V는 동사를 가리킵니다.

留学韩国语（三）（下）

# 进阶

| | |
|---|---|
| 09 | 컵라면이라도 먹읍시다. |
| 10 | 비밀을 말해 버렸어요. |
| 11 | 제가 고등학교 때 타고 다녔던 자전거예요. |
| 12 | 리우팅 씨 집에서 생일 파티를 한대요. |
| 13 | 겨울에는 살이 찌기 마련이에요. |
| 14 | 강아지한테 과자를 먹여도 돼요? |
| 15 | 준비하려면 많이 힘들 텐데 제가 도와줄까요? |
| 16 | 멋진 통역사가 되기를 바랄게요. |

# memo*

# 09

## 컵라면이라도 먹읍시다.

- 학습목표: 여행을 갈 때 필요한 물건들을 준비하고 여행을 계획할 수 있다.
- 기　　능: 계획하기, 예측하기
- 문　　법: A-고(도) A / N(이)라도 / A/V-기만 하다 / A/V-다 보면 / A/V-(으)ㄹ지도 모르다, N일지도 모르다 / A/V-(으)ㄹ까 봐(서), N일까 봐(서)

리우팅: 어떡하지요? 쌀을 집에 놓고 왔어요.

스테파니: 아, 우리에게는 김치뿐이네요!

리에: 저에게 컵라면이 있어요. 밤에 배가 고플까 봐 사 왔어요.

스테파니: 다행이다! 우리 컵라면이라도 먹읍시다.

# 어휘와 표현

### 명사

| | |
|---|---|
| 가이드 | 경치 |
| 관람 | 내비게이션 |
| 돗자리 | 렌터카 |
| 준비물 | 텐트 |
| 튜브 | 한여름 |
| 바닷가 | 수족관 |
| 모기 | 모기약 |
| 비용 | 수영복 |
| 입장료 | 당일치기 |
| 조식 | 중식 |
| 석식 | 동쪽 |
| 서쪽 | 남쪽 |
| 북쪽 | 이벤트 |
| 자판기 | 금액 |
| 디제이 | 라디오 |
| 사연 | 추억 |
| 여인 | 홈페이지 |
| 가사 | 도둑 |
| 첫사랑 | 태종대 |
| 땅 | 장난감 |
| 화선지 | 콘택트렌즈 |
| 제비 | |

### 동사

| | |
|---|---|
| 관광하다 | 캠핑하다 |
| 뜨다 | 이동하다 |
| 연기하다 | 틀다 |
| 제공하다 | 꺾다 |
| 연락하다 | 스트레칭하다 |
| 위로하다 | |

### 형용사

| | |
|---|---|
| 무덥다 | 후덥지근하다 |
| 어지럽다 | 푸르다 |
| 활기차다 | 당황하다 |

### 표현

| | |
|---|---|
| 가만히 | 각자 |
| 마침 | 온통 |
| 우선 | 잔뜩 |
| 차라리 | 틀림없이 |
| 다들 | 스토커 |
| 전기요금 | 이용권 |
| 놀이 기구 | 회전목마 |
| 청량 고추 | 랩하다 |
| 조깅하다 | 군대에 가다 |
| 운이 좋다 | 짜증이 나다 |

### N 곡

| 1 | 2 | 3 | 4 | 5 |
|---|---|---|---|---|
| 한 곡 | 두 곡 | 세 곡 | 네 곡 | 다섯 곡 |
| 6 | 7 | 8 | ? | 여러 |
| 여섯 곡 | 일곱 곡 | 여덟 곡 | 몇 곡 | 여러 곡 |

**더 배워 봅시다.**

▶▶ 바람을 피우다: 사랑하는 사람이 아닌 다른 사람을 몰래 사귀다

예) 리에: 어제 토린 씨가 여자 친구 말고 다른 여자와 커피숍에 있는 것을 봤어요.
애니: 토린 씨는 바람을 피울 사람이 아니에요. 자기에게는 여자 친구밖에 없다고 했어요.

▶▶ 믿는 도끼에 발등 찍힌다: 믿었던 사람에게 배신을 당하다

예) 마리오: 제 여자 친구가 갑자기 헤어지자고 했어요.
크리스: 믿는 도끼에 발등 찍혔네요!

**여러분도 이야기를 만들어 보세요.**

# 문법 1

### A-고(도) A

이 제비는 멀고 먼 남쪽 나라에서 왔어요.
높고 높은 하늘에서 땅을 봤더니 장난감 마을 같았어요.
요즘 한가하고도 조용한 날들을 보냈어요.

받침 ○+고(도)                    많다→많고(도) 많다
받침 ×+고(도)                    푸르다→푸르고(도) 푸르다


**1. 쓰세요.**

| 길다 | 길고 길다 | 크다 |
| 귀엽다 |  | 빠르다 |
| 맑다 |  | 좁다 |


**2. <보기>와 같이 연습하세요.**

보기   리에 씨, 사람/착하다
가: 리에 씨는 어떤 사람이에요?
나: 착하고 착한 사람이에요.

가: _____?
나: _____.

① 사우디아라비아, 나라/덥다
② 최지영 씨, 친구/그립다
③ 화선지, 종이/얇다
④ 청량 고추, 맛/맵다
⑤ ?

## 3. <보기>와 같이 이야기하세요.

| 보기 | 그 영화는 아름다운데다가 감동적이다 |
| --- | --- |
| 가: 영화가 어때요? | |
| 나: 아름답고도 감동적이에요. | |

가: _____?
나: _____.

① 콘택트렌즈는 편한데다가 싸다
② 이 컵은 신기한데다가 재미있다
③ 저 방은 좁은데다가 답답하다
④ 유학 생활은 재미있는데다가 활기차다
⑤ ?

# 문법 2

## N(이)라도

너무 배가 고프니까 라면이라도 먹읍시다.
리우팅 씨에게 전화라도 해 보세요.
그렇게 심심하면 영화라도 보는 것이 어때요?

받침 ○ + 이라도        음악 → 음악이라도
받침 × + 라도          노래 → 노래라도

### 1. 쓰세요.

| 운동 | 운동이라도 | 택시 | |
|---|---|---|---|
| 빵 | | 여행 | |
| 동전 | | 동아리 | |

### 2. <보기>와 같이 연습하세요.

**보기** 시간이 없다, 운동을 못하다/스트레칭하다
가: 시간이 없어서 운동을 못 해요.
나: 스트레칭이라도 하세요.

가: _____?
나: _____.

① 시험이다, 스트레스를 받다/산책하다
② 친구가 바쁘다, 여행을 못 가다/혼자 가다
③ 여자 친구와 헤어지다, 쓸쓸하다/소개팅하다
④ 무섭다, 놀이기구를 못 타다/회전목마를 타다
⑤ ?

# 문법 3

**V-기만 하다**

이번 주말에는 자기만 할 거예요.
리에 씨가 저를 보고 웃기만 해요.
마라톤 선수는 쉬지 않고 달리기만 했어요.

| 받침○+기만 하다 | 듣다→듣기만 하다 |
| 받침×+기만 하다 | 사다→사기만 하다 |

### 1. 쓰세요.

| 가다 | 가기만 하다 | 읽다 | |
| 마시다 | | 만지다 | |
| 졸다 | | 듣다 | |

### 2. <보기>와 같이 연습하세요.

| 보기 노래하다/듣다 | |
|---|---|
| 가: 노래했어요? <br> 나: 아니요, 듣기만 했어요. | 가: _____? <br> 나: _____. |

① 번지점프를 하다/보다
② 조깅을 하다/걷다
③ 케이크를 먹다/만들다
④ 사진을 찍다/찍어 주다
⑤ ?

## A-기만 하다

이번 여행은 피곤하기만 했어요.
날씨가 나쁘다고 하더니 좋기만 하네요!
제 눈에는 여자 친구가 귀엽기만 해요.

받침○+기만 하다          많다→많기만 하다
받침×+기만 하다          아프다→아프기만 하다

### 1. 쓰세요.

| 슬프다 | 슬프기만 하다 | 행복하다 | |
| 재미있다 | | 바쁘다 | |
| 멀다 | | 달다 | |

### 2. <보기>와 같이 연습하세요.

**보기**  이 라면, 맵다/맛있다
가: 이 라면, 맵지 않아요?
나: 글쎄요, 저는 맛있기만 한데요.

가: _____?
나: _____.

① 이 영화, 지루하다/재미있다
② 저 치마, 짧고 이상하다/예쁘다
③ 이 음악, 시끄럽다/즐겁다
④ 저 배우, 연기가 이상하다/멋있다
⑤ ?

## 이야기해 보세요 1

스테파니: 애니 씨, 텐트를 가져 올 수 있어요?
애　　니: 저는 돗자리밖에 없어요.
스테파니: 그럼 돗자리라도 가져 오기만 하세요.
애　　니: 스테파니 씨 보트를 가져 올 수 있어요?
스테파니: 저는 카메라밖에 없어요.
애　　니: 그럼 카메라라도 가져 오기만 하세요.

| 스테파니 애니 | 카메라 돗자리 | | |
|---|---|---|---|
| | | | |
| | | | |
| | | | |
| | | | |

# 문법 4

### V-다(가) 보면

책을 읽다가 보면 시간 가는 줄도 몰라요.
노래를 듣다 보면 저절로 가사를 외울 수 있어요.
외국에서 지내다 보면 어려운 일도 생기게 되지요.

| 받침○+다(가) 보면 | 입다→입다(가) 보면 |
| 받침×+다(가) 보면 | 마시다→마시다(가) 보면 |

## 1. 쓰세요.

| 만나다 | 만나다(가) 보면 | 읽다 |
| 돌아다니다 | | 일하다 |
| 살다 | | 찍다 |

## 2. <보기>와 같이 연습하세요.

**보기** 건강해지다/매일 운동하다
가: 건강해지고 싶어요.
나: 매일 운동하다 보면 건강해질 수 있을 거예요.

가: _____?
나: _____.

① 랩을 잘하다/연습하다
② 스트레스를 풀다/낚시하다
③ 리에 씨랑 친해지다/같이 밥을 먹다
④ 첫사랑을 만나다/살다
⑤ ?

## 문법 5

### A/V-(으)ㄹ지도 모르다, N일지도 모르다

비가 올지도 몰라요. 우산을 가지고 가세요.
배가 고플지도 몰라서 빵을 사 왔어요.
회의 중일지도 모르니까 메시지를 남기세요.

A/V-(으)ㄹ지도 모르다

받침 ○+을지도 모르다        남다→남을지도 모르다
받침 ✕+ㄹ지도 모르다        비싸다→비쌀지도 모르다

A/V-았/었을지도 모르다

ㅏ, ㅗ ○+았을지도 모르다    보다→봤을지도 모르다
ㅏ, ㅗ ✕+었을지도 모르다    싫다→싫었을지도 모르다

N일지도 모르다

받침 ○+일지도 모르다        학생→학생일지도 모르다
받침 ✕+일지도 모르다        부자→부자일지도 모르다

N이었/였을지도 모르다

받침 ○+이었을지도 모르다    형→형이었을지도 모르다
받침 ✕+였을지도 모르다      혼자→혼자였을지도 모르다

## 1. 쓰세요.

| 늦다 | 늦을지도 모르다 | 늦었을지도 모르다 |
|---|---|---|
| 떠나다 | | |
| 팔다 | | |
| 싸다 | | |
| 많다 | | |
| 휴가 | | |
| 도둑 | | |

## 2. <보기>와 같이 이야기하세요.

보기  춥다, 따뜻한 옷을 준비하다
가: 이번 여행에 무엇을 준비하면 좋을까요?
나: 추울지도 모르니까 따뜻한 옷을 가져갑시다.

가: _____?
나: _____.

① 돈이 필요하다, 환전하다
② 아프다, 약을 준비하다
③ 교통이 불편하다, 렌터카를 빌리다
④ 호텔에 수영장이 있다, 수영복을 챙기다
⑤ ?

# 문법 6

## A/V-(으)ㄹ까 봐(서), N일까 봐(서)

시험이 어려울까 봐 걱정이에요.
전기요금이 많이 나올까 봐 에어컨을 못 켜겠어요.
따라오는 사람이 스토커일까 봐서 돌아보지도 못했어요.

| A/V-(으)ㄹ까 봐(서) | |
|---|---|
| 받침 ○+을까 봐(서) | 젖다→젖을까 봐(서) |
| 받침 ×+ㄹ까 봐(서) | 쓰다→쓸까 봐(서) |

| A/V-았/었을까 봐(서) | |
|---|---|
| ㅏ, ㅗ ○+았을까 봐(서) | 비싸다→비쌌을까 봐(서) |
| ㅏ, ㅗ ×+었을까 봐(서) | 크다→컸을까 봐(서) |

| N일까 봐(서) | |
|---|---|
| 받침 ○+일까 봐(서) | 수업→수업일까 봐(서) |
| 받침 ×+일까 봐(서) | 회사→회사일까 봐(서) |

| N이었/였을 까 봐(서) | |
|---|---|
| 받침 ○+이었을까 봐(서) | 시험→시험이었을까 봐(서) |
| 받침 ×+였을까 봐(서) | 엄마→엄마였을까 봐(서) |

## 1. 쓰세요.

| 떠나다 | 떠날까 봐서 | 떠났을까 봐서 |
|---|---|---|
| 안 믿다 | | |
| 사다 | | |
| 귀찮다 | | |
| 슬프다 | | |
| 감기 | | |
| 생일 | | |

## 2. <보기>와 같이 연습하세요.

> 보기   알람을 맞추다/못 일어나다
> 가: 왜 알람을 맞춰요?
> 나: 못 일어날까 봐 알람을 맞춰요.

가: _____?
나: _____.

① 공포 영화를 안 보다/꿈에 나오다
② 우산을 가져가다/비가 오다
③ 매운 음식을 안 먹다/배가 아프다
④ 술을 안 마시다/취해서 실수하다
⑤ ?

## 이야기해 보세요 2

스테파니: 리우팅 씨, 요즘 무슨 고민이 있어요?
리 우 팅: 얼마 후에 시험인데 놀기만 했어요. 그래서 4단계에 못 갈까 봐서 걱정이에요.
스테파니: 걱정하지 마세요. 열심히 공부하다 보면 성적이 오르게 될 거예요.
리 우 팅: 위로해 줘서 고마워요.

| 친구 이름 | 고민 | 해결 방법 |
|---|---|---|
| 리우팅 | 4 단계에 못 갈까 봐서 걱정이다 | 열심히 공부한다 |
|  |  |  |
|  |  |  |

## 본문

스테파니: 애니 씨, 설악산에서 캠핑할 수 있다고 들었는데 진짜예요?
애　　니: 네, 맞아요. 한 달 전에 예약하기만 하면 싼 값으로 캠핑할 수 있어요.
스테파니: 그래요? 그럼 설악산에 가 볼까요? 다들 시간이 어때요?
애　　니: 저는 방학하고 8월 중순쯤이 좋을 것 같아요.
스테파니: 저도 좋아요. 8월 말에는 바쁠지도 모르거든요.
리　　에: 저도 그때가 좋아요. 그럼 제가 예약해 놓을게요.
애　　니: 자, 이제 각자 가져올 준비물을 정해 볼까요? 혹시 텐트가 있는 사람?
스테파니: 저는 없지만 제 친구가 가지고 있을 거예요. 작년에 캠핑을 다녀왔거든요.
애　　니: 잘 됐네요! 그럼 스테파니 씨가 친구에게 연락해서 빌려 보세요.
스테파니: 알겠어요. 이불도 가지고 갈까요?
애　　니: 이불은 너무 무거울 거예요. 그리고 한여름이라서 날씨도 더울 것 같아요.
스테파니: 그러면 큰 수건이라도 가지고 갈까요? 밤에 추울까 봐서 그래요.
리　　에: 저는 큰 수건이 없는데 어쩌지요?
스테파니: 제가 리에 씨 것도 가지고 갈게요. 걱정하지 마세요.
애　　니: 스테파니 씨가 텐트와 큰 수건을 모두 준비해요? 무거운 물건을 잔뜩 들고 다니다 보면 힘만 들 거예요. 큰 수건은 차라리 제가 가지고 갈게요.
리　　에: 그럼 저는 뭘 가지고 가지요?
애　　니: 리에 씨는 튜브라도 가지고 오세요. 계곡에서 수영할지도 모르니까요.
리　　에: 네, 알겠어요. 맑고 맑은 계곡에서 수영을 하면 기분이 정말 좋아질 거예요.

1. 위의 내용과 같으면 ○, 다르면 × 하십시오.

① 설악산은 한 달 전에 예약하면 저렴하게 캠핑할 수 있다. (   )
② 이 사람들은 바다로 여행을 가려고 한다. (   )
③ 스테파니 씨는 텐트를 가지고 있다. (   )

2. 이 사람들은 무엇을 하려고 합니까?

3. 이 사람들이 준비할 것은 무엇입니까?

4. 여러분은 어디로 여행을 가려고 합니까? 준비해야 할 것은 무엇입니까? 이야기해 보세요.

# 듣기

**1. 들은 내용과 같으면 ○, 다르면 × 하십시오.**

① 이 이벤트는 작년 여름에 했다. (          )
② 여행 이야기와 사진을 홈페이지에 올리면 된다. (          )
③ 이 이벤트는 2명에게만 선물을 준다. (          )

**2. 얼마 동안 이 이벤트를 합니까?**

**3. 1등에게 어떤 선물을 줍니까?**

**4. 여러분은 라디오 방송에 어떤 이야기를 보내고 싶습니까? 이야기해 보세요.**

# 읽기

**KTX와 함께하는 부산 당일치기 여행**

KTX와 함께 하는 여행에 여러분을 초대합니다.
푸르고 푸른 해운대의 바다를 느껴 보세요.
당일치기 여행으로도 부산의 여기저기를 자유롭게 관광할 수 있습니다.
비용이 많이 들까 봐 걱정할 필요가 없습니다. 아주 싼 금액으로 여행할 수 있습니다.
고민하다 보면 자리가 없을지도 모르니까 지금 빨리 신청하세요.

| 시간 | 상세 일정 | 설명 |
| --- | --- | --- |
| 08:20~12:20 | 서울역→부산역, 도착 후 가이드와 만남 | 김철수(010-1234-5678) |
| 12:20~14:20 | 해운대 해수욕장과 수족관 자유 관람<br>자유 중식 | 수족관 입장료 불포함 |
| 14:20~16:00 | 태종대 관람 | 아름다운 바다 감상 |
| 16:00~18:00 | 자유 석식<br>국제시장 자유 관람 | 세계의 다양한 물건을 구경 |
| 18:00~21:20 | 부산역 출발~서울역 도착 | |

＊식사는 제공하지 않습니다.

1. 위의 내용과 같으면 ○, 다르면 × 하십시오.

① 이 여행은 혼자 다니는 자유 여행이다.      (        )
② 점심식사와 저녁식사가 무료이다.          (        )
③ 수족관은 입장료를 따로 내야 한다.         (        )

2. 어디로 가는 여행입니까?

3. 이 여행의 이동 순서를 써 보세요.

서울역→ (       ) → (       ) → (       ) → (       ) →부산역 →서울역

4. 여러분은 어디로 여행을 가고 싶습니까? 이야기해 보세요.

## 쓰기

**1. 여행사의 직원이 되어 여행 계획을 세워 보세요.**

| | |
|---|---|
| 장소 | |
| 가는 방법 | |
| 여행 일정 | |
| 기타 | |

**2. 위의 계획으로 여행 광고를 만들어 보세요.**

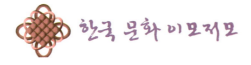 한국 문화 이모저모

## 텔 미! 동안 얼굴의 비결~

　동안 얼굴이란 나이보다 젊어 보이는 얼굴을 지칭한다. 동안 얼굴의 조건은 하얗고 탄력 있으며 아기 같이 매끄럽고 윤이 나며 적당히 통통해야 한다는 것이다. 2016년 드라마 "태양의 후예"가 큰 인기를 얻으면서 피부미인 송혜교는 동안 얼굴의 대명사라고 할 수 있다. 30대 중반인 그녀의 피부는 정말 10대 못지 않게 하얗고 투명하며 화장을 하지 않은 쌩얼에도 피부에서 빛이 난다고 한다. 그럼, 한국 여자 연예인들의 나이도 잊어버린 동안 얼굴의 비결은 무엇일까?

　가장 중요한 비결은 꾸준히 실천하는 생활습관이라고 하겠다. 우선 인터넷에서 '동안 얼굴을 위한 10가지 생활습관'으로 잘 알려진 정보를 소개하겠다.

　1. 피부 건조는 동안의 적이기에 물은 하루에 8잔 이상 충분히 마셔야 한다.
　2. 외출 후 화장은 클렌징 오일/크림클렌징 폼을 사용해 이중 세안을 한다.
　3. 세안 시 미지근한 물로 세안 전용 비누를 사용한다.
　4. 외출 시 반드시 자외선 차단제를 사용하고, 선글라스, 양산, 모자를 이용 햇빛을 피한다.
　5. 적당한 운동과 규칙적인 생활을 해야 한다.
　6. 균형 잡힌 영양식을 해야 한다.
　7. 하루의 수면은 6시간 이상 충분히 해야 한다.
　8. 눈 전용 아이크림 등 주름방지용 화장품을 꼭 사용한다.
　9. 술, 담배, 커피를 자제하고 멀리한다.
　10. 표정 없는 얼굴 보다 미소 짓는 부드러운 얼굴 표정을 지어야 한다.

　그 밖에 소개된 유명 여자 연예인의 피부 비결이라면 가장 많이 신호하는 것이 우유 세안과 녹차우유 팩이었다. 우유 세안은 매일 저녁 세안의 마지막 단계에 우유를 이용해서 부드럽고 하얀 피부를 유지한다. 녹차우유팩은 녹차,

## 한국 문화 이모저모

우유와 꿀을 같이 섞어서 팩을 만들어 쓰면 얼굴 부종에 좋고 지친 피부에 탄력과 영양을 준다.

장기간의 관리가 힘들어서 단기간의 효과를 기대하는 사람들은 간혹 다른 방법을 선택하기도 한다. 그 중 쁘띠 성형을 많이 선호하는데 이는 큰 수술을 요하는 성형수술이 아닌 간편한 주사 몇 번으로 좀더 젊어 보이는 얼굴을 만들 수 있는 시술이다. 주름을 완화하는 보톡스 주사나 통통한 얼굴을 가지고 싶은 분들에게 권하는 필러는 비싸지 않은 비용과 30분만에 끝나는 시술로 인기를 얻고 있다. 이 외에 달걀얼굴 주사, 브이라인 시술 등이 있는데 이런 시술의 효과는 일시적인 것이다. 만약 시술을 생각하고 있는 사람이 있다면 시술 전에 이에 따른 부작용도 꼼꼼히 따져 보고 생각해서 신중하게 선택하길 바란다.

memo*

# 10 비밀을 말해 버렸어요.

- 학습목표: 과거에 일어난 일에 대해 진술할 수 있다.
- 기　　능: 재구성하기, 충고하기
- 문　　법: V-아/어 버리다 / V-는 사이에 / 아무리 A/V-아/어도 (A/V-아/어도) / V-는 한/ A/V-지 않으면 안 되다, N이/가 아니면 안 되다 / V-고 나면

스테파니: 리에야! 너 크리스랑 사귀어?
리　　에: 비밀인데 어떻게 알았어?
스테파니: 아까 네가 화장실에 다녀오는 사이에 크리스가 말해 버렸어!
리　　에: 으! 내가 먼저 말하지 않는 한 절대 비밀이라고 했는데…….

# 어휘와 표현

### 명사

| | |
|---|---|
| 가짜 | 가치 |
| 경매 | 생활비 |
| 신상품 | 버릇 |
| 습관 | 시간표 |
| 차례 | 인근 |
| 런던 | 바보 |
| 바이올린 | 바이올리니스트 |
| 샌드위치 | 소포 |
| 후원자 | 소식 |
| 수수께끼 | 숨소리 |
| 정답 | 진심 |
| 슈퍼맨 | 장염 |
| 카페 | 마술 |
| 마술사 | 논문 |

### 동사

| | |
|---|---|
| 마르다 | 발견하다 |
| 집중하다 | 후원하다 |
| 되찾다 | 들키다 |
| 사라지다 | 제출하다 |
| 찾아내다 | 인증하다 |
| 새치기하다 | 잠들다 |
| 낫다 | 내기하다 |
| 화해하다 | |

### 형용사

| | |
|---|---|
| 난처하다 | 당당하다 |
| 완벽하다 | |

| 표현 | |
|---|---|
| 대충 | 따르릉 |
| 마침내 | 무려 |
| 실제로 | 영원히 |
| 우연히 | 조만간 |
| 아무리 | 땡 |
| 무단 횡단 | 보험 회사 |
| 도난당하다 | 볼일을 보다 |
| 소감을 밝히다 | 최선을 다하다 |
| 추위를 타다 | 네일 아트 |
| 딩동댕 | |

**더 배워 봅시다.**

▶▶ 귀가 가렵다: 남들이 자기 얘기를 한다고 느끼다

예) 리에: 갑자기 귀가 가려워요.
크리스: 누가 리에 씨 이야기를 하나 봐요.

▶▶ 배보다 배꼽이 더 크다: 기본이 되는 것보다 다른 것이 더 크다

예) 토린: 생일 선물로 자전거를 받았어요.
크리스: 와, 좋겠다.
토린: 그런데 그 자전거를 타려고 보호 장비하고 신발을 샀어요. 그래서 용돈이 부족해요.
크리스: 배보다 배꼽이 크네요!

**여러분도 이야기를 만들어 보세요.**

# 문법 1

### V-아/어 버리다

너무 피곤해서 잠들어 버렸어요.
날씨가 너무 더워서 화장을 지워 버렸어요.
이번 달 생활비를 벌써 다 써 버렸네요!

| ㅏ, ㅗ ○+아 버리다 | 사다→사 버리다 |
| ㅏ, ㅗ ✕+어 버리다 | 만들다→만들어 버리다 |

### 1. 쓰세요.

| 씻다 | 씻어 버리다 | 쏟다 | |
| 가다 | | 들키다 | |
| 울다 | | 취소하다 | |

### 2. <보기>와 같이 연습하세요.

| 보기 | 주스를 다 마시다/목이 마르다 |
| 가: 왜 주스를 다 마셨어요? |
| 나: 목이 말라서 다 마셔 버렸어요. |

가: _____?
나: _____.

① 케이크를 다 먹다/친구들이 오다
② 비밀을 말하다/제일 친한 친구이다
③ 쓰레기를 치우다/지저분하다
④ 접시가 깨지다/떨어뜨리다
⑤ ?

# 문법 2

### V-는 사이에

샌드위치를 먹는 사이에 버스가 떠나고 말았어요.
집에 오는 사이에 아이스크림이 녹아 버렸어요.
아기가 자는 사이에 마트에 다녀왔어요.

| 받침 ○+는 사이에 | 받다→받는 사이에 |
| 받침 ×+는 사이에 | 가다→가는 사이에 |

tip. '가다, 오다'는 그 시간을 하나의 사건으로 볼 때 'V-(으)ㄴ 사이에'를 사용할 수 있습니다.

### 1. 쓰세요.

| 만들다 | 만드는 사이에 | 다녀오다 | |
| 볼일을 보다 | | 찾다 | |
| 기다리다 | | 고민하다 | |

### 2. <보기>와 같이 연습하세요.

보기  친구들이 가다/통화하다
가: 친구들이 갔어요?
나: 네, 통화하는 사이에 갔어요.

가: _____?
나: _____.

① 도둑이 도망치다/경찰을 부르다
② 아이가 없어지다/물건을 고르다
③ 주스를 다 마시다/거울을 보다
④ 영화가 다 끝나다/리우팅 씨가 졸다
⑤ ?

# 문법 3

## (아무리) A/V-아/어도 (A/V-아/어도)

수업 중이라서 전화를 해도 안 받을 거예요.
요즘 아무리 잠을 자도 피곤해요.
요즘 스트레스가 많아서 먹어도 먹어도 배가 고파요.

| (아무리) A/V-아/어도 (A/V-아/어도) | |
|---|---|
| ㅏ, ㅗ ○+아도 | 좋다→좋아도 |
| ㅏ, ㅗ ×+어도 | 입다→입어도 |

### 1. 쓰세요.

| 만나다 | 만나도 | 숨다 | |
|---|---|---|---|
| 듣다 | | 걱정이 되다 | |
| 아깝다 | | 싫다 | |
| 슬프다 | | 빠르다 | |

### 2. <보기>와 같이 연습하세요.

보기  피곤하다, 자다/샤워하다
가: 피곤해서 자고 싶어요.
나: 안돼요, 아무리 피곤해도 샤워해야 해요.

가: _____?
나: _____.

① 힘들다, 포기하다/할 일을 하다
② 약이 쓰다, 버리다/먹다
③ 놀이 공원에 사람이 많다, 집에 가다/놀이 기구를 타다
④ 치마가 예쁘다, 사다/사이즈가 맞다
⑤ ?

## 이야기해 보세요 1

스테파니: 리우팅 씨, 우리, 수수께끼 내기할까요?
리 우 팅: 좋아요!
스테파니: 아무리 먹어도 배가 부르지 않는 것은?
리 우 팅: '공기'예요!
스테파니: 딩동댕!
리 우 팅: 그럼, 사람이 가장 많이 말하는 소리는?
스테파니: '거짓말'이에요!
리 우 팅: 땡! 정답은 '숨소리'예요.

|   | 친구 이름 | 질문 | 대답 |
|---|---|---|---|
| 1 | 스테파니 | 아무리 먹어도 배부르지 않는 것은? | 공기 |
| 2 | 리우팅 | 사람이 가장 많이 내는 소리는? | 숨소리 |
| 3 |  |  |  |
| 4 |  |  |  |
| 5 |  |  |  |

# 문법 4

### V-는 한

열심히 노력하는 한 세상에 못 할 일은 없어요.
매일 놀기만 하는 한 실패하게 될 거예요.
즐거운 일만 생각하고 웃는 한 슬픈 일은 없겠지요.

| 받침 ○+는 한 | 읽다→읽는 한 |
| 받침 ×+는 한 | 보다→보는 한 |

### 1. 쓰세요.

| 먹다 | 먹는 한 | 약속하다 | |
| 참다 | | 기억하다 | |
| 담배를 피우다 | | 살다 | |

### 2. <보기>와 같이 연습하세요.

| 보기 부자가 되다/열심히 일하다 | 가: _____? |
| 가: 부자가 되고 싶어요. | 나: _____. |
| 나: 열심히 일하는 한 부자가 될 수 있을 거예요. | |

① 성공하다/꾸준히 노력하다
② 건강해지다/술을 끊다
③ 시험을 잘 보다/열심히 공부하다
④ 친구와 화해하다/진심으로 사과하다
⑤ ?

## 문법 5

### A/V-지 않으면 안 되다, N이/가 아니면 안 되다

대학교 입학 서류를 오늘까지 제출하지 않으면 안 돼요.
아기가 먹을 음식이라서 부드럽지 않으면 안 돼요.
나와 결혼할 사람은 저 사람이 아니면 안 돼요.

A/V-지 않으면 안 되다

| 받침 ○+지 않으면 안 되다 | 씻다→씻지 않으면 안 되다 |
| 받침 ✕+지 않으면 안 되다 | 예쁘다→예쁘지 않으면 안 되다 |

N이/가 아니면 안 되다

| 받침 ○+이 아니면 안 되다 | 쉬는 시간→쉬는 시간이 아니면 안 되다 |
| 받침 ✕+가 아니면 안 되다 | 커피→커피가 아니면 안 되다 |

tip. 'ㅅ 불규칙': 동사, 형용사 중 'ㅅ' 뒤에 '-아/어'와 같은 모음이 오면 'ㅅ'이 생략됩니다.
예) 낫다 + 아/어요 → 나아요
　　낫다 + 아/어서 → 나아서
　　낫다 + (으)면 → 나으면

1. 쓰세요.

| 가다 | 가지 않으면 안 되다 | 만들다 |
| 입다 | | 외우다 |
| 맵다 | | 따뜻하다 |
| 착하다 | | 길다 |
| 슈퍼맨 | | 비행기 |
| 어른 | | 평일 |

**2. <보기>와 같이 연습하세요.**

| 보기 | 고향에 가다/비행기를 타다 |
|---|---|
| | 가: 고향에 가려면 어떻게 해야 해요? |
| | 나: 비행기를 타지 않으면 안 돼요. |

가: _____?
나: _____.

① 잠을 잘 자다/불을 끄다
② 장염이 낫다/약을 먹다
③ 3시까지 가다/택시를 타다
④ 휴대폰을 고치다/서비스 센터에 가다
⑤ ?

# 문법 6

### V-고 나면

엄마와 통화하고 나면 힘이 나요.
그 식당 음식을 먹고 나면 고향이 그리워져요.
좋은 책을 읽고 나면 마음이 편안해져요.

| 받침 ○+고 나면 | 만들다→만들고 나면 |
| 받침 ×+고 나면 | 쉬다→쉬고 나면 |

### 1. 쓰세요.

| 다녀오다 | 다녀오고 나면 | 걷다 | |
| 고치다 | | 만들다 | |
| 시작되다 | | 고백하다 | |

### 2. <보기>와 같이 연습하세요.

**보기** 에어컨을 켜다/시원해지다
가: 에어컨을 켤까요?
나: 좋아요. 에어컨을 켜고 나면 시원해질 거예요.

가: _____?
나: _____.

① 네일 아트를 하다/기분이 좋아지다
② 매운 음식을 먹다/스트레스가 풀리다
③ 여행을 다녀오다/추억이 생기다
④ 잠깐 쉬다/머리가 맑아지다
⑤ ?

## 이야기해 보세요 2

리 에: 크리스 씨는 어떤 습관이 있어요?
크리스: 밥을 먹고 나면 꼭 커피를 마셔요.
리 에: 커피를 마시지 않으면 안 돼요?
크리스: 안돼요, 밥을 먹고 나면 졸리거든요!

| 친구 이름 | 어떤 습관이 있어요? | 왜요? |
|---|---|---|
| 크리스 | 밥을 먹고 나면 커피를 마신다 | 졸리다 |
| | | |
| | | |

## 본문

리 우 팅: 스테파니 씨, 주말에 뭐 했어요?
스테파니: 명동에 있는 마술 카페에 다녀왔어요.
리 우 팅: 마술 카페요? 그게 뭐예요?
스테파니: 커피도 마시고 마술도 볼 수 있는 곳이에요.
리 우 팅: 우아! 무슨 마술을 봤어요?
스테파니: 동전 마술을 봤는데 동전에 제 이름을 쓰라고 했어요.
리 우 팅: 동전을 바꿨다고 생각할까 봐서 그랬군요!
스테파니: 맞아요, 그런데 마술사가 동전을 받아서 흔들었더니 사라져 버렸어요.
리 우 팅: 스테파니 씨가 다른 곳을 보는 사이에 마술사가 감춘 것이 아닐까요?
스테파니: 글쎄요. 아무리 생각해도 어떻게 한 것인지 모르겠어요.
리 우 팅: 정말 신기해요. 저도 가 보고 싶어요.
스테파니: 그럼 저랑 같이 가요.
리 우 팅: 스테파니 씨는 이미 봤는데 가도 괜찮겠어요?
스테파니: 네, 갈 때마다 다른 마술을 보여 주니까 괜찮아요. 금요일 저녁에 갈래요?
리 우 팅: 금요일에 학교에 가지 않으면 안 돼요. 주말까지 논문을 제출하지 않는 한 졸업할 수 없거든요.
스테파니: 그래요? 그럼 다음 주는 괜찮아요?
리 우 팅: 네, 논문을 제출하고 나면 시간이 많아질 거예요.
스테파니: 좋아요. 리우팅 씨도 마술을 보고 나면 정말 신기하다고 생각할 거예요.

1. 위의 내용과 같으면 ○, 다르면 × 하십시오.

① 스테파니 씨는 주말에 마술 카페에 갔다. (    )
② 마술 카페에서는 항상 같은 마술을 보여 준다. (    )
③ 리우팅 씨는 다음 주에 시간이 별로 없다. (    )

2. 마술 카페는 어떤 곳입니까?

3. 리우팅 씨는 왜 금요일 저녁에 시간이 없습니까?

4. 여러분은 마술을 본 적이 있습니까? 어떤 마술이었습니까?

# 듣기

1. 들은 내용과 같으면 ○, 다르면 × 하십시오.

① 리우팅 씨는 소포로 휴대폰을 받을 것이다. (　　)
② 리우팅 씨는 택시비를 내다가 휴대폰을 떨어뜨렸다. (　　)
③ 리우팅 씨는 오늘 꼭 휴대폰을 받아야 한다. (　　)

2. 리우팅 씨는 누구와 전화를 했습니까?

3. 리우팅 씨는 택시 기사와 어디에서 만날 것입니까?

4. 여러분이 물건을 잃어버린다면 어떻게 하겠습니까? 이야기해 보세요.

## 읽기

　내 것도 아닌 수십억 원짜리 물건을 잃어버린다면 얼마나 난처할까?
　이것은 바이올리니스트 김모 씨가 3년 전에 실제로 겪은 일이다. 다행히도 김 씨가 잃어버린 물건은 조만간 되찾을 수 있을 것으로 보인다.
　도난당한 물건은 바이올린으로 무려 300여년 전에 만들어진 것이다. 바이올린의 가치는 약 20억 원이라고 한다.
　김씨는 지난 2010년에 런던역 근처에서 샌드위치를 사는 사이에 바이올린을 잃어버렸다. 김 씨가 바이올린을 찾으려고 아무리 노력해도 찾을 수 없었다. 심지어 이 바이올린은 김 씨의 것이 아니라 후원자의 것이었다. 김 씨는 너무 난처해서 병까지 나 버렸다. 바이올린을 찾지 못하는 한 후원자의 얼굴을 볼 수 없을 것이라고 생각했기 때문이다.
　지난 3월에 프랑스에서 그 바이올린을 발견했다는 사람이 당당하게 나타났지만 가짜인것으로 밝혀졌다. 그런데 얼마 전, 마침내 런던 경찰이 잃어버린 바이올린을 찾았다. 어떤 사람이 이 바이올린을 인터넷 경매 사이트에 올린 것을 우연히 발견한 것이다. 그런데 이 사람은 이 바이올린의 가치를 알지 못해서 약 17만원에 판매할 계획이었다고 한다. 20억 원짜리 바이올린이 17만원에 팔릴 뻔한 것이다. 김 씨는 이 소식을 듣고 영원히 바이올린 을 못 찾을 줄 알았는데 찾게 되어 하늘을 나는 것처럼 기쁘다고 소감을 밝혔다.

DK 뉴스 김단국 기자

### 1. 위의 내용과 같으면 ○, 다르면 × 하십시오.

① 이 물건은 아주 비싼 것으로 300년 전에 만들어졌다.　　(　　)
② 이 물건의 주인은 1년 뒤에 이 물건을 찾았다.　　(　　)
③ 이 물건은 인터넷 경매 사이트에서 17만원에 팔렸다.　　(　　)

### 2. 이 사람은 무엇을 잃어버렸습니까?

### 3. 이 사람은 어떻게 하다가 이 물건을 잃어버렸습니까?

### 4. 여러분은 물건을 잃어버리거나 찾아 준 경험이 있습니까?

# 쓰기

1. 여러분은 소중한 물건을 잃어버린 경험이 있어요?

| | |
|---|---|
| 잃어버린 물건 | |
| 잃어버린 시간과 장소 | |
| 잃어버린 이유 | |
| 잃어버린 후에 한 행동 | |

2. '내가 잃어버린 소중한 물건'이라는 제목으로 글을 써 보세요.

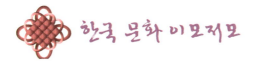

# 대학 생활의 이모저모

1. 동아리

　대학생활에서 큰 부분을 차지하고 있는 것은 바로 동아리 활동이라고 해도 과언이 아니다. 자신의 적성이나 흥미에 맞는 동아리에 가입해서 선후배와 돈독한 우정도 쌓으면서 대외활동으로 인맥과 경험도 쌓을 수 있다. 학교마다 다양한 동아리가 있고 그 가입이유도 다양하다. 흥미 위주의 음악밴드나 여행, 사진, 스포츠, 봉사 동아리 등 자신의 학과 및 적성위주의 영어학과 혹은 정치경제학과 학생들의 영어관련, 정치경제 관련 동아리 등, 취업과 스펙 위주의 공모전, 창업, 면접동아리 등이 있다. 그 밖에 캠핑, 동굴탐험, 맛집 탐방, 발표, 흉가 체험, 버킷리스트, 주식투자, 부동산 중개, 동물 보호 동아리 등 이색동아리도 많다.

2. MT (엠티)

　한국 대학생이라면 누구나 한 번쯤 MT를 가 보았을 것이다. 해마다 3,4월 따뜻한 봄에 많은 대학생들이 동아리엠티, 과엠티를 간다. 엠티를 책임진 진행자들이 레크레이션, 퀴즈대회, 장기자랑, 체육활동, 게임 등 다양한 프로그램을 알차게 짜서 엠티의 즐거움을 한층 더해간다. 그 중 서바이벌 게임, 레프팅, 런닝맨 이름표 떼기 등의 야외활동이 있다. 저녁엔 지친 학생들의 영양보충으로 절대 빠질 수 없는 고기파티가 시작되는데 캠프파이어와 함께 고기도 굽고 기타도 치고 술잔도 기울이며 동아리 회원과 선후배가 더욱 친해지고 대학생활이 더욱 즐거워질 것이다.

3. 대동제 (대학 축제)

　"대동제(大同際)"는 크게 하나로 모이는 축제라는 의미로 일년에 한 번, 보통 5월 중순에서 말 사이에 각 대학교에서 행해지는 대학 축제이다. 대학 축제는 대학생활의 꽃이라고 불릴 만큼 볼거리가 많고 이미 한국만의 독특한 문화로 자리잡았다. 축제기간 동안에는 가요제, 댄스페스티벌, 먹거리 장터,

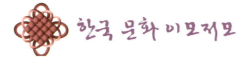 한국 문화 이모저모

페이스페인팅, 커플게임 등 다양한 축제 활동을 위해 학생들이 직접 무대를 준비하고 축제를 보러 온 사람들과 같이 즐기면서 재미를 한층 더 해 간다. 또한 각 대학별 특색에 따라 독특한 프로그램을 구성해서 개성만점 축제를 자랑하기도 한다. 축제의 마지막을 장식하는 순서는 바로 인기 연예인들이 참가해서 공연을 하는 경우가 대부분이다. 젊은 대학생들에게 대학의 자유를 만끽하고 공부하랴 레포트 쓰랴 받은 스트레스를 한방에 날릴 수 있는 좋은 행사가 될 것이다.

# 11 제가 고등학교 때 타고 다녔던 자전거예요.

- 학습목표: 과거의 추억을 회상하며 다른 사람들에게 이야기할 수 있다.
- 기  능: 회상하기, 권유하기
- 문  법: A/V-던 N / A/V-았/었던 N / A/V-고말고(요), N(이)고말고요 / A/V-(으)ㄹ 정도로 / A/V-(으)ㄹ 만하다/ A/V-기도 하다, N이기도 하다

리우팅: 어? 최지영 씨, 자전거가 있었어요?
최지영: 아, 이건 제가 고등학교 때 타고 다녔던 자전거예요.
리우팅: 매일 자전거를 타서 기분이 정말 좋았겠어요.
최지영: 좋고말고요. 하늘을 날 정도로 기분이 좋았지요.

# 어휘와 표현

### 명사

| | |
|---|---|
| 기와집 | 빨래터 |
| 사랑방 | 장터 |
| 냇가 | 고궁 |
| 경복궁 | 창덕궁 |
| 창경궁 | 덕수궁 |
| 경희궁 | 경회루 |
| 동료 | 신분 |
| 역할 | 직장 |
| 낙천적 | 부부 |
| 소설 | 이삿짐 |
| 양반 | 이정표 |
| 수문장 | 내관 |
| 궁녀 | |

### 동사

| | |
|---|---|
| 만족하다 | 불평하다 |
| 싸다 | 매진되다 |
| 안전하다 | 기억나다 |
| 날아가다 | 멈추다 |
| 연주하다 | 통과하다 |
| 근무하다 | 유행하다 |

### 형용사

| | |
|---|---|
| 고급스럽다 | 넉넉하다 |
| 정직하다 | 든든하다 |

| 표현 | |
|---|---|
| 간신히 | 거의 |
| 가끔 | 결코 |
| 꽁꽁 | 도대체 |
| 뜻밖에 | 소중히 |
| 일부러 | 교대식 |
| 돌담길 | 기분이 상하다 |

**더 배워 봅시다.**

▶▶ **손발이 맞다**: 함께 일을 할 때 생각이나 행동이 서로 맞다

예) 크리스: 리에 씨하고 스테파니 씨는 두 사람이 같이 일을 잘 하네요!
    리에: 그럼요, 우리 두 사람은 오랫동안 같이 일해서 손발이 잘 맞아요.

▶▶ **금강산도 식후경이다**: 아무리 좋은 경치도 밥을 먹은 후에 봐야 좋아 보인다

예) 가이드: 지금부터 보실 곳은 남산입니다.
    크리스: 죄송한데요. 우리 밥은 언제 먹나요? 금강산도 식후경이라고 밥부터 먹읍시다.

**여러분도 이야기를 만들어 보세요.**

# 문법 1

### A/V-던 N

이 커피는 제가 아까 마시던 커피예요.
여러분, 하던 일을 멈춰 주세요.
여기는 제가 자주 다니던 식당이에요.

| 받침 ○+던 | 먹다, 빵→먹던 빵 |
|---|---|
| 받침 ×+던 | 보다, 책→보던 책 |

## 1. 쓰세요.

| 가다, 곳 | 가던 곳 | 많다, 돈 | |
|---|---|---|---|
| 근무하다, 직원 | | 예쁘다, 손 | |
| 씹다, 껌 | | 바쁘다, 사람 | |

## 2. <보기>와 같이 연습하세요.

| 보기 그림을 그렸다 | |
|---|---|
| 가: 이게 뭐예요?<br>나: 아, 아까 그리던 그림이에요. | 가: _____?<br>나: _____. |

① 어제 편지를 썼다
② 아까 컵을 만들었다
③ 아침에 신문을 읽었다
④ 쉬는 시간에 게임을 했다
⑤ ?

**3. <보기>와 같이 연습하세요.**

| 보기 | 대학생 때 이 노래를 들었다 |
|---|---|
| 가: 이게 뭐예요? | |
| 나: 대학생 때 듣던 노래예요. | |

가: _____?
나: _____.

① 작년에 이 옷을 입었다
② 지난 학기에 이 가방을 멨다
③ 3년 전에 이 남자를 사귀었다
④ 고등학교 때 이 학교에 다녔다
⑤ ?

## 문법 2

### A/V-았/었던 N

리에 씨가 갔던 병원이 어디예요?
이 사람은 제가 옛날에 짝사랑했던 남자예요.
어릴 때 귀여웠던 동생이 멋있어졌어요.

| ㅏ, ㅗ ○+았던 | 자다, 호텔→잤던 호텔 |
| ㅏ, ㅗ ×+었던 | 흐리다, 하루→흐렸던 하루 |

**1. 쓰세요.**

| 찍다, 사진 | 찍었던 사진 | 착하다, 친구 | |
| 믿다, 친구 | | 크다, 옷 | |
| 쓰다, 휴대폰 | | 길다, 머리 | |

**2. <보기>와 같이 연습하세요.**

> **보기** 작년에 이 공원에서 영화를 찍었다
> 가: 여기가 어디예요?
> 나: 작년에 영화를 찍었던 공원이에요.

가: _____?
나: _____.

① 이 커피숍은 카푸치노가 맛있었다
② 지난달에 이 뮤지컬을 봤다
③ 아기 때 이 장난감을 가지고 놀았다
④ 이 영화 배우를 좋아했다
⑤ ?

## 문법 3

### A/V-고말고(요), N(이)고말고(요)

가: 잠깐 화장실에 다녀와도 될까요?
나: 되고말고요. 천천히 다녀오세요.

가: 리에 씨가 친절하지요?
나: 그럼요, 친절하고말고요.

가: 내일이 쉬는 날이야?
나: 쉬는 날이고말고.

A/V-고말고(요)

| | |
|---|---|
| 받침○ +고말고(요) | 좋다→좋고말고(요) |
| 받침× +고말고(요) | 만족하다→만족하고말고(요) |

A/V-았/었고말고(요)

| | |
|---|---|
| ㅏ, ㅗ ○+았고말고(요) | 만나다→만났고말고(요) |
| ㅏ, ㅗ ×+었고말고(요) | 크다→컸고말고(요) |

N(이)고말고(요)

| | |
|---|---|
| 받침○ +이고말고(요) | 학생→학생이고말고(요) |
| 받침× +고말고(요) | 주스→주스고말고(요) |

N이었/였고말고(요)

| | |
|---|---|
| 받침○ +이었고말고(요) | 책→책이었고말고(요) |
| 받침× +였고말고(요) | 사과→사과였고말고(요) |

## 1. 쓰세요.

| 만나다 | 만나고말고(요) | 만났고말고(요) |
|---|---|---|
| 입다 | | |
| 사다 | | |
| 맛있다 | | |
| 바쁘다 | | |
| 유행 | | |
| 부자 | | |

## 2. <보기>와 같이 연습하세요.

**보기** 오늘 날씨가 좋다
가: 오늘 날씨가 좋지요?
나: 좋고말고요.

가: _____?
나: _____.

① 이 버스가 명동에 가다
② 어제 청소를 했다
③ 내일 농구 연습을 하다
④ 스테파니 씨랑 친구이다
⑤ ?

## 이야기해 보세요 1

리우팅: 여기는 어디예요?
스테파니: 여기는 제가 다녔던 학교예요. 학교에서 놀다가 찍었어요.
리우팅: 참 귀엽네요! 옆에 있는 사람은 누구예요?
스테파니: 저와 같이 피아노를 배우던 친구예요.
리우팅: 요즘도 자주 연락해요?
스테파니: 그럼요, 하고말고요.

| 친구 이름 | 무엇을 했던 장소예요? | 옆에 있는 사람이 누구예요? |
|---|---|---|
| 스테파니 | 다녔던 학교 | 같이 피아노를 배우던 친구 |

# 문법 4

## A/V-(으)ㄹ 정도로

영화는 또 보고 싶을 정도로 재미있어요.
책은 30분이면 읽을 정도로 짧은 책이에요.
떡볶이는 눈물이 날 정도로 매워요.

A/V-(으)ㄹ 정도로

받침 ○+을 정도로        먹다→먹을 정도로
받침 ×+ㄹ 정도로        신기하다→신기할 정도로

A/V-았/었을 정도로

ㅏ, ㅗ ○+았을 정도로     짜다→짰을 정도로
ㅏ, ㅗ ×+었을 정도로     매진되다→매진되었을 정도로

1. 쓰세요.

| 사다 | 살 정도로 | 샀을 정도로 |
|---|---|---|
| 만들다 | | |
| 머리가 아프다 | | |
| 기분이 상하다 | | |

## 2. <보기>와 같이 연습하세요.

> **보기** 많이 바빠서 집에 전화를 못 했다
> 가: 많이 바빠요?
> 나: 네, 집에 전화를 못 할 정도로 바빠요.

가: _____?
나: _____.

① 영화가 슬퍼서 눈물이 났다
② 이 요리가 맛있어서 만드는 법을 배우고 싶다
③ 그 사람을 사랑해서 결혼하고 싶다
④ 숙제가 많아서 잠을 잘 시간이 없다
⑤ ?

# 문법 5

### A/V-(으)ㄹ 만하다

이 김치찌개는 맵지만 먹을 만해요.
제주도는 경치가 아름다워서 가 볼 만한 곳이 아주 많아요.

가: 친구하고 새벽 4시까지 놀아서 피곤해요.
나: 새벽 4시요? 피곤할 만하네요!

| 받침 O + 을 만하다 | 신다 → 신을 만하다 |
| 받침 X + ㄹ 만하다 | 예쁘다 → 예쁠 만하다 |

### 1. 쓰세요.

| 사다 | 살 만하다 | 지내다 | |
| 듣다 | | 불평하다 | |
| 비싸다 | | 많다 | |
| 싫다 | | 무섭다 | |

### 2. <보기>와 같이 연습하세요.

보기  냉면을 먹었는데 맛있었다
가: 이 냉면이 맛있었어요?
나: 네, 맛없을 줄 알았는데 먹을 만했어요.

가: _____?
나: _____.

① 휴대폰을 썼는데 편리했다
② 책을 읽었는데 재미있었다
③ OST를 들었는데 좋았다
④ 노트북을 샀는데 쌌다
⑤ ?

## 3. <보기>와 같이 연습하세요.

보기 여자 친구와 헤어져서 술을 많이 마셨다
가: 왜 이렇게 술을 많이 마셨어요?
나: 여자 친구와 헤어져서 그래요.
가: 아이고, 많이 마실 만하네요!

가: _____?
나: _____.
가: _____!

① 50%나 세일해서 옷을 많이 샀다
② 여자 주인공이 병에 걸려서 울었다
③ 오랜만에 고향 친구를 만나서 기분이 좋았다
④ 시험을 잘 봐서 부모님께 칭찬을 받았다
⑤ ?

# 문법 6

### A/V-기도 하다, N이기도 하다

주말에는 찜질방에 가기도 해요.
저녁에 수영을 하는데 가끔 귀찮기도 해요.
우리 엄마는 저의 친한 친구이기도 하고 든든한 후원자이기도 해요.

| A/V-기도 하다 | |
|---|---|
| 받침○+기도 하다 | 듣다→듣기도 하다 |
| 받침×+기도 하다 | 예쁘다→예쁘기도 하다 |

| N이기도 하다 | |
|---|---|
| 받침○+이기도 하다 | 동생→동생이기도 하다 |
| 받침×+이기도 하다 | 엄마→엄마이기도 하다 |

1. 쓰세요.

| 사다 | 사기도 하다 | 스트레스를 받다 | |
|---|---|---|---|
| 기억나다 | | 알다 | |
| 정직하다 | | 많다 | |
| 맵다 | | 배고프다 | |
| 직장 동료 | | 낙천적 | |
| 쿠션 | | 휴가 | |

## 2. <보기>와 같이 연습하세요.

**보기** 리에 씨는 착하고 똑똑하다
가: 리에 씨가 정말 착하지 않아요?
나: 맞아요, 그리고 똑똑하기도 해요.

가: _____?
나: _____.

① 유자차가 맛있고 건강에 좋다
② 한국의 겨울은 춥고 건조하다
③ 저 연극은 슬프고 감동적이다
④ 크리스 씨 친구가 영화배우이고 가수이다
⑤ ?

## 이야기해 보세요 2

리 우 팅: 스테파니 씨, 요즘 볼 만한 영화가 뭐예요?
스테파니: '내가 사랑했던 여자'를 보면 어때요?
리 우 팅: 그 영화가 어떤데요?
스테파니: 보는 동안 계속 웃을 정도로 재미있어요.

| 친구 이름 | 추천하는 것 | 어때요? |
|---|---|---|
| 스테파니 | 영화/내가 사랑했던 여자 | 보는 동안 계속 웃을 정도로 재미있다 |
| | | |
| | | |

## 본문

리우팅: 우아, 이제 이삿짐을 거의 다 쌌네요!
마리오: 도와줘서 고마워요. 리우팅 씨가 없었다면 오늘 안에 못 끝냈을 거예요.
리우팅: 마리오 씨랑 저랑 손발이 잘 맞으니까 빨리 끝났지요. 그런데 이 책은 뭐예요?
마리오: 그건 제가 처음 한국에 왔을 때 자주 보던 여행 책이에요. 버리려고 일부러 꺼내 놓았어요.
리우팅: 지금은 안 읽어요?
마리오: 네, 요즘 바쁘기도 하지만 거기에 있는 여행지는 거의 다 가 봤거든요.
리우팅: 대단해요. 저도 마리오 씨처럼 한국에 있는 동안 여행을 많이 다녀야겠어요.
마리오: 혹시 이 책이 필요하면 가져가서 보세요. 조금 오래됐지만 아직 읽을 만해요.
리우팅: 고마워요. 잘 읽을게요. 그런데 책 안에 사진이 있어요.
마리오: 그 사진을 잃어버린 줄 알았는데 거기에 있었네요! 제가 소중히 생각하는 사진이에요.
리우팅: 사진 속 경치가 정말 좋은데요. 여기가 도대체 어디예요?
마리오: 부산 해운대 근처예요. 그때 잤던 호텔 앞에서 찍은 사진이에요. 부산 여행은 제가 다녔던 여행 중에서 제일 재미있었던 여행이에요.
리우팅: 그렇게 재미있었어요?
마리오: 네, 재미있고말고요. 거기에서 평생 살고 싶을 정도로 재미있었어요.

**1. 위의 내용과 같으면 ○, 다르면 × 하십시오.**

① 마리오 씨는 여행을 많이 다녔다. (    )
② 두 사람은 지금 부산에서 살고 있다. (    )
③ 이 사진은 마리오 씨 집 앞에서 찍었다. (    )

**2. 마리오 씨는 리우팅 씨에게 무엇을 주었습니까?**

**3. 마리오 씨가 제일 재미있었던 곳은 어디입니까?**

**4. 여러분도 기억에 남는 여행 장소가 있습니까? 이야기해 보세요.**

# 듣기

1. 들은 내용과 같으면 ○, 다르면 × 하십시오.

① 옛날 사람들은 집에서 빨래를 했다.　　　　　　　(　　　)
② 기와집은 양반들이 살았던 곳이다.　　　　　　　　(　　　)
③ 이 사람들은 장터에 다녀왔다.　　　　　　　　　　(　　　)

2. 여기는 어디입니까?

3. 아래의 그림을 보고 어디인지 이야기해 보십시오.

4. 옛날 사람들이 사용하던 물건들입니다. 무엇을 할 때 썼을까요? 이야기해 보세요.

## 읽기

나는 얼마 전에 서울의 고궁을 구경했다. 서울의 고궁은 조선시대에 왕이나 왕의 가족이 살았던 곳인데 경복궁, 창덕궁, 창경궁, 덕수궁, 경희궁 등이 있다. 처음에는 고궁들의 거리가 멀 줄 알았는데 걸어갈 수 있을 정도로 가까운 곳도 많았다. 그리고 요즘은 인터넷으로 신청만 하면 밤에도 고궁을 구경할 수 있어서 아름다운 경치를 볼 수 있었다. 나는 가벼운 가방을 메고 걸어다니면서 고궁을 구경했는데 날씨도 좋고 이정표도 잘 되어 있어서 걸어다닐 만했다.

가장 먼저 간 곳은 경복궁인데 조선시대에 첫 번째로 지어진 곳이다. 왕이 살던 곳이기 때문에 왕의 생활을 돕는 내관이나 궁녀들도 함께 살았다. 이때 궁녀들은 궁궐 안으로 들어오면 죽을 때까지 절대로 궁궐 밖으로 나갈 수 없었다고 한다. 경복궁에는 연못이 보이는 경회루가 있었는데 야경이 정말 아름다웠다.

다음으로 간 곳은 덕수궁이었다. 하루에 3번 덕수궁을 지키는 수문장의 교대식이 있는데 씩씩한 모습이 정말 멋있었다. 어떤 사람들은 수문장과 사진을 찍기도 했다. 덕수궁을 둘러싸고 있는 아름답던 돌담길도 기억에 남는다. 이 돌담길은 연인과 걸으면 안 된다고 한다. 연인과 함께 걸으면 헤어지게 된다는 슬픈 사연이 있기 때문이다. 그렇지만 나는 여자 친구가 없으니까 편안한 마음으로 돌담길 옆을 걸을 수 있었다.

앞으로 시간이 날 때마다 가지 못했던 고궁들을 돌아보면서 한국의 전통문화를 느끼고 싶다.

**1. 위의 내용과 같으면 ○, 다르면 × 하십시오.**

① 서울의 고궁은 한 곳만 있다.　　　　　　　　　　　　(　　)
② 밤에는 아무도 고궁을 구경할 수 없다.　　　　　　　　(　　)
③ 경복궁은 조선시대에 가장 처음 지은 궁궐이다.　　　　(　　)

**2. 고궁은 누가 살던 곳입니까?**

**3. 왜 덕수궁 돌담길을 연인과 걸으면 안 됩니까?**

**4. 여러분은 어떤 궁궐에 가 봤습니까? 이야기해 보세요.**

# 쓰기

1. 여러분은 세계 여러 나라의 전통적인 장소에 가 본 적이 있어요?

| | |
|---|---|
| 장소 이름 | |
| 장소의 역사 | |
| 장소의 경치 | |
| 외의 특징 | |

2. 그 장소를 소개하는 글을 써 보세요.

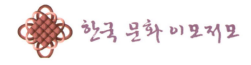

## 면접! 실전 노하우

　한국 대학 입학을 원하는 많은 외국 학생들에게 자기소개서, 학업 계획서뿐만 아니라 가장 힘들어 하는 것이 바로 대학 면접일 것이다. 면접은 각 대학의 입학 면접관들이 학생의 한국어 실력을 주로 하여 그 학생이 그 대학에 부합하는 적합한 인재인지 어떤 가능성을 가지고 있는 학생인지를 판단하는 아주 중요한 자리이다. 또한 같은 조건의 두 학생이 있다면 어느 학생을 뽑느냐는 바로 면접성적에 달려 있다고 해도 과언이 아니다. 그럼 면접 전에 우리가 알아두어야 할 것들에 대해 알아 보겠다.

(1) 준비사항

　1. 복장: 가장 기본이 되는 것은 학생의 복장이다. 면접 때 학생은 보통 면접관과 마주해서 앉아 있기 때문에 단정하고 성실한 이미지를 줄 수 있는 복장이 중요하다. 너무 튀는 색은 피하고 학생답게 단정한 스타일로 긍정적인 이미지를 주어야 한다.

　2. 표정: 미소 짓는 부드러운 표정을 한다. 마치 피곤해서 지친 표정이나 무표정은 상대방에게 좋지 않은 첫인상을 준다. 면접 때 긴장이 되어서 표정이 굳어지거나 스트레스를 받을 수 있으므로 표정도 자연스럽게 좋은 표정이 나오도록 평상시 꾸준히 연습한다.

　3. 예의: 면접의 기본은 상대방에 대한 예의이다. 면접장에 들어가면 우선 면접관 선생님들에게 공손하게 인사를 한다. "안녕하세요"의 인사말과 함께 허리를 숙여 최소한의 예의를 보여야 한다. 또한 대답을 할 때에는 "-어/아요" 체보다는 "-습니다" 체로 말 끝을 흐리지 말고 정확하게 자신감 넘치는 말투로 답한다.

(2) 면접 기본 용어

　1) 면접 시 인사

　　(첫 인사) 안녕하세요? 저는 OOO입니다.

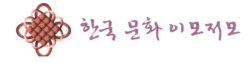

우선 면접의 기회를 주셔서 감사 드립니다. (잘 부탁 드립니다.)
(끝 인사) 수고하셨습니다. 감사합니다.
2) 질문을 잘 못 들었을 때:
선생님, 죄송합니다. 잘 못 들었습니다. 다시 한번 말씀해 주십시오.
선생님, 죄송합니다. 다시 한 번 말씀해 주시겠습니까?
3) 질문에 대답하기 어려울 때
선생님, 죄송합니다. 잘 모르겠습니다. (지금은 잘 모르지만 앞으로 알아가도록 하겠습니다.)

 면접 성공은 자신이 얼마만큼 준비를 잘 하느냐에 따라 결정된다. 면접 때 질문이 어려워 대답을 하지 않고 그냥 서 있는 행동은 절대 하면 안 된다. 예상질문들을 정리해서 가장 좋은 답을 미리 준비하고 연습해본다. 또한 답이 생각나지 않을 때 그와 비슷한 답이라도 몇 마디 하면서 적극적인 태도를 보여야 한다. 면접 때 학생이 비록 대답을 잘 못하더라도 자신감 있는 적극적인 태도로도 충분히 플러스 점수가 되니까 충분히 연습하도록 하자. 여러분 모두, 면접 파이팅!

memo*

# 12 리우팅 씨 집에서 생일 파티를 한대요.

- 학습목표: 요리 관련 어휘를 이용하여 요리법을 설명할 수 있다.
- 기    능: 전달하기, 설명하기
- 문    법: V-ㄴ/는대요, A-대요, N(이)래요 / A/V-내요, N(이)내요 / V-재요, V-지 말재요 / V-(으)래요, V-지 말래요 / A/V-(으)ㄹ 거래요, N일 거래요 / V-(으)ㄴ/는 대로, N대로 / N에다(가)

크리스: 다음 주 월요일에 리우팅 씨 집에서 파티를 한대요.
리 에: 그래요? 그럼 제가 요리를 좀 만들어 갈게요.
크리스: 리우팅 씨가 치킨에다가 피자까지 주문해 놓는대요. 빈손으로 와도 돼요.
리 에: 알겠어요. 크리스 씨 말대로 할게요.

## 어휘와 표현

### 명사

| | |
|---|---|
| 꿀 | 간장 |
| 소금 | 참기름 |
| 깨 | 마늘 |
| 양파 | 어묵 |
| 참치 | 피자치즈 |
| 떡볶이떡 | 소고기 |
| 냄비 | 프라이팬 |
| 뚜껑 | 냉동실 |
| 앞치마 | 야식 |
| 보쌈 | 학원 |
| 완성 | 졸업식 |
| 문의 | 빈손 |
| 설명 | 일시 |
| 표시 | 피아니스트 |
| 마네킹 | 블로그 |
| 잔디밭 | |

### 동사

| | |
|---|---|
| 끓다 | 다지다 |
| 덮다 | 볶다 |
| 삶다 | 썰다 |
| 익다 | 젓다 |
| 떼다 | 검색하다 |
| 설명하다 | 주의하다 |
| 빨다 | 물놀이하다 |
| 조립하다 | |

### 형용사

| | |
|---|---|
| 매콤하다 | 미끄럽다 |
| 섭섭하다 | |

| 표현 | | |
|---|---|---|
| | 듬뿍 | 보글보글 |
| | 약간 | 충분히 |
| | 주의 사항 | 일기 예보 |

**더 배워 봅시다.**

▶▶ 입에 맞다(↔입에 안 맞다): 음식, 물건, 어떤 일이 내 마음에 꼭 들다

예) 리에: 학생 식당 밥이 어때요?
크리스: 입에 잘 맞아요.

▶▶ 우물 안 개구리: 세상을 넓게 보지 못하는 사람

예) 스테파니: 마리오 씨는 왜 한국에 오게 되었어요?
마리오: 우물 안 개구리처럼 살고 싶지 않았어요. 넓은 곳에서 다양한 경험을 하고 싶어서 한국에 오게 되었어요.

**여러분도 이야기를 만들어 보세요.**

# 문법 1

## V-ㄴ/는대요, A-대요, N(이)래요

우리 언니가 다음 달에 아기를 낳는대요.
크리스 씨가 생일 파티에 와 줘서 고맙대요.
애니 씨가 유명한 피아니스트래요.

### V-ㄴ/는대요
받침 ○+는대요　　　　　　듣다→듣는대요
받침 ✕+ㄴ대요　　　　　　보다→본대요

### A-대요
받침 ○+대요　　　　　　좋다→좋대요
받침 ✕+대요　　　　　　예쁘다→예쁘대요

### A/V-았/었대요
ㅏ, ㅗ ○+았대요　　　　　만나다→만났대요
ㅏ, ㅗ ✕+었대요　　　　　힘들다→힘들었대요

### N(이)래요
받침 ○+이래요　　　　　　책→책이래요
받침 ✕+래요　　　　　　의사→의사래요

### N이었/였대요
받침 ○+이었대요　　　　　동생→ 동생이었대요
받침 ✕+였대요　　　　　　휴가→휴가였대요

## 1. 쓰세요.

| 쓰다 | 쓴대요 | 썼대요 |
|---|---|---|
| 살다 | | |
| 운동하다 | | |
| 낮다 | | |
| 비싸다 | | |
| 과일 | | |
| 친구 | | |

## 2. <보기>와 같이 연습하세요.

> 보기  스테파니: "지금 은행에 가요."
> 가: 스테파니 씨가 뭐래요?
> 나: 스테파니 씨가 은행에 간대요.

가: _____?
나: _____.

① 리에: "어제 친구를 만나서 발표 준비를 했어요."
② 리우팅: "시원한 냉면을 먹고 싶어요."
③ 마리오: "여자 친구와 헤어져서 기분이 안 좋아요."
④ 애니: "오늘은 어린이날이에요."
⑤ ?

# 문법 2

## A/V-내요, N(이)내요

크리스 씨가 저한테 어디 아프내요.
고향 친구가 요즘 한국은 날씨가 어떠내요.
마리오 씨가 시험을 잘 봤내요.

A/V-내요

받침 ○+내요              좋다→좋내요
받침 ×+내요              보다→보내요

A/V-았/었내요

ㅏ, ㅗ ○+았내요          자다→잤내요
ㅏ, ㅗ ×+었내요          적다→적었내요

N(이)내요

받침 ○+이내요            시험→시험이내요
받침 ×+내요              커피→커피내요

N이었/였내요

받침 ○+이었내요          방학→방학이었내요
받침 ×+였내요            친구→친구였내요

1. 쓰세요.

| 사다 | 사내요 | 샀내요 |
|------|--------|--------|
| 걷다 |        |        |
| 나쁘다 |      |        |
| 덥다 |        |        |
| 어디 |        |        |
| 며칠 |        |        |

## 2. <보기>와 같이 연습하세요.

보기  스테파니: "한국 요리를 배워 봤어요?"
가: 스테파니 씨가 뭐래요?
나: 스테파니 씨가 한국 요리를 배워 봤내요.

가: _____?
나: _____.

① 마리오: "하루에 몇 시간 정도 공부해요?"
② 리에: "김치찌개가 맛있어요?"
③ 토린: "학교에 갈 준비가 끝났어요?"
④ 리우팅: "다음 주부터 방학이에요?"
⑤ ?

# 문법 3

### V-재요, V-지 말재요

크리스 씨가 이번 주말에 콘서트에 가재요.
친구가 이번 경기에 최선을 다하쟀어요.
토린 씨가 수업 시간이니까 떠들지 말재요.

|  | V-재요 |
|---|---|
| 받침 ○+재요 | 놀다→놀재요 |
| 받침 ×+재요 | 만나다→만나재요 |

|  | V-지 말재요 |
|---|---|
| 받침 ○+지 말재요 | 받다→받지 말재요 |
| 받침 ×+지 말재요 | 가다→가지 말재요 |

1. 쓰세요.

| 듣다 | 듣재요 | 듣지 말재요 |
|---|---|---|
| 앉다 | | |
| 수영하다 | | |
| 쉬다 | | |

## 2. <보기>와 같이 연습하세요.

**보기** 스테파니: "요리 학원에 같이 다닙시다."
가: 스테파니 씨가 뭐래요?
나: 스테파니 씨가 요리 학원에 같이 다니재요.

가: _____?
나: _____.

① 마리오: "스테파니 씨, 수업이 끝나고 정문에서 만납시다."
② 리에: "우리 같이 계곡에 가서 물놀이를 합시다."
③ 리우팅: "비도 오는데 맛있는 파전을 먹으러 갑시다."
④ 토린: "오늘은 피곤하니까 헬스장에 가지 맙시다."
⑤ ?

# 문법 4

### V-(으)래요, V-지 말래요

선생님께서 내일은 문화 수업이 있으니까 일찍 오래요.
엄마가 방이 너무 더러우니까 청소 좀 하래요.
잔디밭에 들어가지 말랬어요.

V-(으)래요

받침 ○+으래요　　　　　　　　참다→참으래요
받침 ✕+래요　　　　　　　　　마시다→마시래요

V-지 말래요

받침 ○+지 말래요　　　　　　읽다→읽지 말래요
받침 ✕+지 말래요　　　　　　배우다→배우지 말래요

1. 쓰세요.

| 보다 | 보래요 | 보지 말래요 |
|---|---|---|
| 사귀다 | | |
| 믿다 | | |
| 넣다 | | |
| (나에게) 주다 | | |
| (다른 사람에게) 주다 | | |

## 2. <보기>와 같이 연습하세요.

**보기** 스테파니: "2시까지 학교로 오세요."
가: 스테파니 씨가 뭐래요?
나: 스테파니 씨가 2시까지 학교로 오래요.

가: _____?
나: _____.

① 크리스: "마리오 씨에게 전화하세요."
② 토린: "늦지 말고 5시까지 입장하세요."
③ 리에: "수업 시간에 휴대폰을 사용하지 마세요."
④ 선생님: "어제 한 숙제는 저에게 주세요."
⑤ ?

# 문법 5

## A/V-(으)ㄹ 거래요, N일 거래요

일기예보에서 내일은 날씨가 추울 거래요.
이 선생님이 올해 안에 결혼할 거래요.
스테파니 씨가 요즘 백화점은 세일 기간일 거랬어요.

| | A/V-(으)ㄹ 거래요 | |
|---|---|---|
| 받침 O+을 거래요 | | 녹다→녹을 거래요 |
| 받침 X+ㄹ거래요 | | 고르다→고를 거래요 |

| | A/V-았/었을 거래요 | |
|---|---|---|
| ㅏ, ㅗ O+았을 거래요 | | 좋다→좋았을 거래요 |
| ㅏ, ㅗ X+었을 거래요 | | 길다→길었을 거래요 |

| | N일 거래요 | |
|---|---|---|
| 받침 O+일 거래요 | | 선물→선물일 거래요 |
| 받침 X+일 거래요 | | 친구→ 친구일 거래요 |

| | N이었/였을 거래요 | |
|---|---|---|
| 받침 O+이었을 거래요 | | 꿈→ 꿈이었을 거래요 |
| 받침 X+였을 거래요 | | 버스→ 버스였을 거래요 |

1. 쓰세요.

| 공을 차다 | 공을 찰 거래요 | 공을 찼을 거래요 |
|---|---|---|
| 과일을 씻다 | | |
| 날씨가 따뜻히다 | | |
| 시간이 많다 | | |
| 수박 주스 | | |
| 토린의 형 | | |

## 2. <보기>와 같이 연습하세요.

> **보기** 스테파니: "주말에 추워질 거예요."
> 가: 스테파니 씨가 뭐래요?
> 나: 스테파니 씨가 주말에 추워질 거래요.

가: _____?
나: _____.

① 마리오: "방학에 친구들과 여행을 갈 거예요."
② 리에: "남이섬 가면 재미있는 체험이 많을 거예요."
③ 리우팅: "애니 씨의 남자 친구는 멋있을 거예요."
④ 애니: "다음 주부터 버스 요금이 오를 거예요."
⑤ ?

## 이야기해 보세요 1

1.
리 우 팅: 스테파니 씨, 만들 줄 아는 음식이 있어요?
스테파니: 네, 불고기를 만들 줄 알아요.
리 우 팅: 불고기를 만들려면 뭐가 필요해요?
스테파니: 소고기와 야채와 간장이 필요해요.
리 우 팅: 어떻게 만들어요?
스테파니: 소고기를 간장에 넣었다가 야채와 볶으세요.

2.
마리오: 스테파니 씨가 뭐래요?
리우팅: 스테파니 씨가 불고기를 만들 줄 안대요.
마리오: 불고기를 만들려면 뭐가 필요하대요?
리우팅: 소고기와 야채와 간장이 필요하대요.
마리오: 어떻게 만든대요?
리우팅: 소고기를 간장에 넣었다가 야채와 볶으래요.

| 친구 이름 | 스테파니 | | |
|---|---|---|---|
| 만들 줄 아는 음식 | 불고기 | | |
| 재료 | 소고기, 야채, 간장 | | |
| 만드는 방법 | 소고기를 간장에 넣었다가 야채와 볶는다 | | |

## 문법 6

### V-(으)ㄴ/는 대로, N대로

모든 일이 말하는 대로 이루어질 거예요.
선생님이 가르쳐 주신 대로 매일 일기를 쓰고 있어요.
어려운 요리도 요리책대로 만들면 쉬워요.

|  | V-는 대로 |  | V-(으)ㄴ 대로 |
|---|---|---|---|
| 받침 ○+는 대로 | 듣다→듣는 대로 | 받침 ○+(으)ㄴ 대로 | 읽다→읽은 대로 |
| 받침 ✕+는 대로 | 가다→가는 대로 | 받침 ✕+ㄴ 대로 | 보다→본 대로 |

|  | N대로 |
|---|---|
| 받침 ○+대로 | 설명→설명대로 |
| 받침 ✕+대로 | 표시→표시대로 |

1. 쓰세요.

| 쓰다 | 쓰는 대로 | 쓴 대로 |
|---|---|---|
| 생각하다 | | |
| 만들다 | | |
| 순서 | | |
| 규칙 | | |

2. <보기>와 같이 연습하세요.

> 보기  옷이 멋있다/마네킹이 입다, 샀다
> 
> 가: 옷이 멋있네요!
> 나: 마네킹이 입은 대로 샀어요.

가: _____?
나: _____.

① 얼굴이 예쁘다/블로그에서 알려주다, 화장하다
② 케이크가 맛있다/요리 프로그램에서 소개하다, 만들다
③ 빨리 왔다/인터넷에서 검색하다, 왔다
④ 의자를 잘 만들었다/설명서에 나오다, 조립하다
⑤ ?

## 문법 7

### N에다(가)

비빔밥에다가 고추장을 넣으세요.
치마에다가 티셔츠를 입었어요.
집들이에 친구들에다가 부모님까지 오셨어요.

N에다(가)

받침 ○ +에다(가)  필통→필통에다(가)
받침 × +에다(가)  커피→커피에다(가)

### 1. 쓰세요.

| | | |
|---|---|---|
| 우유 | 우유에다가 | 원피스 |
| 휴대폰 | | 책상 위 |
| 손가락 | | 벽 |

### 2. <보기>와 같이 연습하세요.

보기  과일을 사다/냉장고
가: 과일을 사서 어디에 두었어요?
나: 냉장고에다가 넣었어요.

가: _____?
나: _____.

① 사진을 뽑다/지갑 안
② 청바지를 빨다/옷장
③ 책을 빌리다/책장
④ 시간표를 만들다/책상 위
⑤ ?

3. <보기>와 같이 연습하세요.

> 보기  어제 먹은 음식은 불고기와 냉면이다
> 가: 어제 뭐 먹었어요?
> 나: 불고기에다가 냉면까지 먹었어요.

가: _____?
나: _____.

① 졸업식에 온 사람은 가족과 친구들이다
② 백화점에서 산 물건은 옷과 신발이다
③ 생일에 받은 선물은 꽃과 시계이다
④ 한국에서 간 곳은 제주도와 부산이다
⑤ ?

## 이야기해 보세요 2

스테파니: 스테파니 씨, DK마트에서 뭘 샀어요?
리에: 주스하고 티셔츠하고 샴푸를 샀어요.
스테파니: 이 주스는 어디에다가 둘까요?
리에: 냉장고에다가 넣어 주세요.

| 친구 이름 | 물건 이름 | 두는 곳 |
|---|---|---|
| 리에 | 주스, 티셔츠, 샴푸 | 냉장고/옷장/화장실 |

# 본문

<한국 전통 요리 교실>
단국대학교 외국 학생 여러분, 이번 연휴에 한국 요리 교실을 엽니다.
요리 이름 :보쌈
일시: 9월 15일 10시 ~ 12시
장소: 학생회관 103호
재료비:무료
준비물:앞치마
주의 사항: 미끄럽지 않은 신발을 신고 오세요.
* 9월 13일까지 사무실(031-8005-2921)에 신청하세요.

스테파니: 연휴에 학교에서 한국 요리 교실을 한대요.
마 리 오: 아, 저도 들었어요. 리우팅 씨가 보쌈을 만든다고 같이 가쟀어요.
스테파니: 그래요? 그런데 보쌈이 뭐예요?
마 리 오: 배추나 김치에다가 삶은 돼지고기를 싸서 먹는 거예요. 정말 맛있어요.
스테파니: 저도 가고 싶어요.
마 리 오: 같이 가요.
스테파니: 요리 선생님 말씀대로 잘 만들 수 있을까요?
마 리 오: 그럼요. 스테파니 씨는 요리를 잘하니까 잘 만들 수 있을 거예요.
스테파니: 요리 교실은 몇 시에 시작한대요?
마 리 오: 오전 10시부터 시작한대요.
스테파니: 준비물은 뭐래요?
마 리 오: 앞치마에다가 미끄럽지 않은 신발을 신고 오래요.
스테파니: 왜요?
마 리 오: 주방 바닥이 미끄러워서 넘어지는 사람이 많대요.
스테파니: 그렇군요! 참, 리에 씨도 같이 가쟀어요.
마 리 오: 좋아요. 그럼 모두 내일 기숙사 앞에서 만나요.

1. 위의 내용과 같으면 ○, 다르면 × 하십시오.

① 리우팅 씨는 보쌈을 만들 것이다. ( )
② 스테파니 씨는 보쌈을 만들 줄 안다. ( )
③ 앞치마와 안 미끄러운 신발을 신어야 한다. ( )

2. 연휴에 학교에서 무엇을 합니까?

3. 보쌈은 어떤 요리입니까?

4. 여러분은 어떤 것을 배우고 싶어요? 친구와 같이 이야기해 보세요.

# 듣기

1. 들은 내용과 같으면 ○, 다르면 × 하십시오.

① 스테파니 씨는 지금 요리를 하고 있다.                    (        )
② 스테파니 씨는 김치찌개를 만들 수 있다.                   (        )
③ 리우팅 씨는 오늘 라면을 먹을 것이다.                     (        )

2. 리우팅 씨는 지금 어디에 있습니까?

3. 김치찌개 요리법을 순서대로 만들어 보고 친구에게 이야기해 보세요.

① 김치를 먹기 좋게 썬다.
② 맛이 싱거우면 소금을 넣는다.
③ 보글보글 끓으면 두부와 참치를 넣는다.
④ 김치가 익으면 물을 넣는다.
⑤ 맛있게 먹는다.
⑥ 냄비에다가 참기름과 김치를 넣고 볶는다.
(  ①  ) → (        ) → (        ) → (        ) → (        ) → (        )

4. 여러분이 할 줄 아는 요리는 무엇입니까?

# 읽기

여러분, 안녕하세요. 야식을 사랑하는 지영이에요. 저는 직접 떡볶이를 만들어서 먹어요. 그러면 제가 좋아하는 치즈를 듬뿍 넣어서 마음대로 먹을 수 있어요. 그리고 얼마 전에는 TV에서 진짜 맛있는 떡볶이를 만드는 법이 나와서 따라해 봤는데 친구들도 정말 맛있었대요. 여러분도 제가 알려주는 대로 한번 만들어 보세요.

|  | 재료 – 떡볶이떡, 어묵, 양파, 고추장, 고춧가루, 간장, 설탕이나 꿀, 다진 마늘, 파, 피자치즈 |
|---|---|
|  | ① 떡볶이떡은 한 개씩 잘 떼어서 씻는다. 어묵과 양파는 적당한 크기로 썬다. |
|  | ③ 끓는 물에다가 고춧가루와 마늘, 그리고 설탕이나 꿀을 넣는다. |
|  | ⑤ 떡이 익으면 파와 깨를 넣는다. |
| 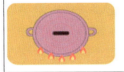 | ⑦ 뚜껑을 덮고 피자 치즈가 녹을 때까지 충분히 기다린다. |

| | |
|---|---|
|  | ② 프라이팬에다가 물과 고추장을 넣고 불을 켠다. |
|  | ④ 어묵과 떡볶이떡, 양파를 넣고 잘 젓는다. |
|  | ⑥ 그 위에 피자 치즈를 듬뿍 올린다. |
|  | ⑧ 간단하면서 맛있는 치즈떡볶이 완성! |

1. 위의 내용과 같으면 ○, 다르면 × 하십시오.

① 최지영 씨는 떡볶이에다가 치즈를 넣어서 먹는다.　　　(　　)
② 최지영 씨는 밤에 먹는 음식을 좋아한다.　　　　　　　(　　)
③ 최지영 씨는 TV에 나와서 떡볶이를 만들었다.　　　　 (　　)

2. 치즈를 올린 후에 왜 뚜껑을 덮습니까?

3. 최지영 씨는 떡볶이 만드는 방법을 어디에서 배웠습니까?

4. 여러분은 떡볶이를 먹어 봤습니까? 어땠습니까?

## 쓰기

1. 여러분이 할 줄 아는 요리는 뭐예요?

|  |
|---|
| 요리 이름 |
| 요리 재료 |
| 요리를 만드는 방법 |
| 요리를 먹는 방법 |

2. 요리를 소개하는 글을 써 보세요.

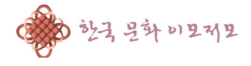

# 대학 레포트 작성 방법

레포트는 대학생이 작성하는 과제로서 주어진 주제에 대한 정보를 수집하고 심도 있는 연구를 통해 도출된 결과를 내용형식으로 작성하는 보고서이다. 레포트는 과목 성적에서 적게는 20%에서 간혹 많게는 60-70%의 성적을 차지하게 되는데 이는 한 학기 동안 3-4개의 레포트 작성을 시험으로 대체하는 교수님의 강의 방식 때문이다. 기존에 자율적인 사고 습관에 익숙하지 않은 학생이라면 이런 레포트 작성방법이 쉬운 일이 아니다. 그렇지만 레포트 작성양식에 있어서 각 교수님마다 그 양식이 다르겠지만 작성 순서 면에서 대동소이하다.

1. 표지 다음으로 자신이 쓴 레포트의 차례 표지이다.

```
           REPORT
제목 : A+ 은 내 것 .
교과목 :
담당교수 :
학  과 :
학  번 :
이  름 :
제출일 :
```

< 레포트 표지 부분 >

2. 레포트는 크게 서론, 본론, 결론으로 구분하여 작성하는 것이 좋다.

주제선정 : 주어진 주제를 좀 더 세분화 시켜서 주제를 정한다. 광범위한 주제는 조사 연구에 어려움이 많다. 잘 선택한 주제 하나가 레포트의 작성 방향도 쉽게 만든다. 신중하게 주제를 선택하도록 한다.

서론: 주제 선정과 자신의 레포트 전개 방향
본론: 연구하는 방법 혹은 과정, 연구 결과
결론: 이 연구를 통해 알게 된 것과 새로운 사실

## 한국 문화 이모저모

반드시 지켜야 할 사항

1. 해당 과목의 교수님의 레포트 요구사항을 반드시 준수한다.

자신이 수강하는 교수님에 따라 글자수, 글자체, 글자 크기, 자간, 파일형식, 제출날짜 등 각기 다를 것이다. 레포트 요구사항을 반드시 알아보고, 체크해서 정리해 둔다. 그 중 제출 날짜는 내 목숨처럼 지켜서 내도록 하자.

2. 참고문헌 출처를 꼭 명시 한다.

표기 없는 자료 인용은 표절과 같다. 반드시 다른 사람의 말을 인용할 때는 참고문헌 표시를 꼭 해야 한다. 참고문헌은 자신의 레포트 마지막에 쓰는데 논문일 경우, 저자/ 논문명/ 발행처/ 연도/ 쪽수 순으로 쓰고, 단행본일 경우 저자/ 책제목/ 출판사/ 출판연도/ 쪽수 순으로 쓴다.

3. 맞춤법 검사

과제 제출시 완성한 레포트는 맞춤법을 먼저 검사하고 교수님께 제출한다. 외국 학생인 경우는 한국 친구에서 맞춤법 검사와 표현이 적절한지 검토해 달라고 부탁하는 것도 좋다.

한글 맞춤법 검사: Speller.cs.pusan.ac.kr

영어 맞춤법 검사: grammarcheck.net

memo*

# 13. 겨울에는 살이 찌기 마련이에요.

- 학습목표: 다이어트에 관련된 어휘를 이용하여 조언을 구할 수 있다.
- 기　　능: 상담하기, 조언하기
- 문　　법: A/V-(으)ㄴ/는데도 (불구하고), N인데도 (불구하고) / A/V-(으)ㄴ/는 탓에, N 탓에, N인 탓에 / A/V-잖아요, N(이)잖아요 / A/V-(으)ㄴ/는 편이다 / A/V-기 마련이다 / N(이)나마

스테파니: 요즘 자꾸 살이 쪄서 큰일이에요.
크 리 스: 겨울이잖아요. 겨울에는 살이 찌기 마련이에요.
스테파니: 정말이에요?
크 리 스: 그럼요. 어제 뉴스에도 나왔잖아요.

# 어휘와 표현

### 명사

| | |
|---|---|
| 몸매 | 환자 |
| 시력 | 원인 |
| 몸무게 | 덩치 |
| 비만 | 사회자 |
| 상금 | 지원자 |
| 채소 | 충격 |
| 태도 | 주변 |
| 비결 | 감정 |
| 공휴일 | 의지 |
| 맛집 | 명품 |
| 목도리 | 미성년자 |
| 도전자 | |

### 동사

| | |
|---|---|
| 그만두다 | 유지하다 |
| 늘다 | 관련하다 |
| 극복하다 | 상상하다 |
| 희망하다 | 소문나다 |
| 부상하다 | 치료하다 |
| 출전하다 | 금연하다 |
| 선거하다 | |

### 형용사

| | |
|---|---|
| 부끄럽다 | 편안하다 |
| 심각하다 | 지나치다 |
| 화창하다 | |

| 표현 | |
|---|---|
| 게다가 | 골고루 |
| 꼭 | 반드시 |
| 원래 | 자세히 |
| 주로 | 끊임없이 |
| 셀카 | 걸그룹 |
| 뷰티 프로그램 | 닭 가슴살 |
| 노약자석 | 도움이 되다 |
| 배가 나오다 | |

**더 배워 봅시다.**

▶▶ **갈 길이 멀다**: 어떤 일이 아주 어렵고 힘들다

예) 애니: 결혼 준비는 잘 돼 가요?
   리에: 잘 되기는요. 날짜는 정했는데 예식장도 예약해야 하고 청첩장도 만들어야 하고 집도 구해야 해요.
   애니: 아이고, 갈 길이 머네요!

▶▶ **병 주고 약 준다**: 남에게 나쁜 말이나 행동을 하고 다시 도와주거나 해결하다

예) 토린: 애니 씨, 요즘 살이 좀 찐 것 같네요!
   애니: 정말이에요? 아, 다음 주에 소개팅이 있는데 큰일이네요!
   토린: 괜찮아요. 애니 씨가 뚱뚱하기는 해도 얼굴은 예쁘잖아요.
   애니: 지금 병 주고 약 주는 거예요?

**여러분도 이야기를 만들어 보세요.**

# 문법 1

## A/V-(으)ㄴ/는데도 (불구하고), N인데도 (불구하고)

잠을 충분히 잤는데도 불구하고 피곤해요.
바쁜데도 불구하고 이렇게 와 주셔서 감사합니다.
소문난 맛집인데도 불구하고 맛이 없어요.

### V-는데도 (불구하고)

| | |
|---|---|
| 받침 ○+는데도 불구하고 | 듣다→듣는데도 불구하고 |
| 받침 ×+는데도 불구하고 | 보다→보는데도 불구하고 |

### A-(으)ㄴ데도 (불구하고)

| | |
|---|---|
| 받침 ○+은데도 불구하고 | 좋다→좋은데도 불구하고 |
| 받침 ×+ㄴ데도 불구하고 | 아프다→아픈데도 불구하고 |

### A/V-았/었는데도 (불구하고)

| | |
|---|---|
| ㅏ, ㅗ ○+았는데도 불구하고 | 따라가다→따라갔는데도 불구하고 |
| ㅏ, ㅗ ×+었는데도 불구하고 | 쉬다→쉬었는데도 불구하고 |

### N인데도 (불구하고)

| | |
|---|---|
| 받침 ○+인데도 불구하고 | 학생→학생인데도 불구하고 |
| 받침 ×+인데도 불구하고 | 휴가→휴가인데도 불구하고 |

### N이었/였는데도 (불구하고)

| | |
|---|---|
| 받침 ○+이었는데도 불구하고 | 명품→명품이었는데도 불구하고 |
| 받침 ×+였는데도 불구하고 | 공포 영화→공포 영화였는데도 불구하고 |

## 1. 쓰세요.

| 쓰다 | 쓰는데도 불구하고 | 썼는데도 불구하고 |
|---|---|---|
| 만들다 | | |
| 절약하다 | | |
| 비싸다 | | |
| 부끄럽다 | | |
| 비만 | | |
| 아이 | | |

## 2. <보기>와 같이 연습하세요.

**보기** 헤어졌다, 보고 싶다/다시 연락하다
가: 헤어졌는데도 불구하고 보고 싶어요.
나: 그럼 다시 연락해 보세요.

가: _____?
나: _____.

① 따뜻하게 입었다, 너무 춥다/목도리를 하다
② 약을 먹었다, 두통이 심하다/병원에 가다
③ 돈을 아껴서 쓰다, 항상 부족하다/가계부를 쓰다
④ 화창한 날씨이다, 밖에 나가기 싫다/집에서 쉬다
⑤ ?

# 문법 2

## A/V-(으)ㄴ/는 탓에, N 탓에

휴대폰을 오랫동안 본 탓에 시력이 떨어졌어요.
어릴 때는 키가 작은 탓에 항상 앞자리에 앉았어요.
다리 부상 탓에 농구 경기에 출전할 수 없어요.

V-는 탓에
받침 ○+는 탓에    막다→막는 탓에
받침 ✕+는 탓에    가다→가는 탓에

V-(으)ㄴ 탓에
받침 ○+은 탓에    젖다→젖은 탓에
받침 ✕+ㄴ 탓에    마시다→마신 탓에

A-(으)ㄴ 탓에
받침 ○+은 탓에    많다→많은 탓에
받침 ✕+ㄴ 탓에    비싸다→비싼 탓에

N 탓에
받침 ○+ 탓에    남편→남편 탓에
받침 ✕+ 탓에    감기→감기 탓에

1. 쓰세요.

| 만나다 | 만나는 탓에 | 만난 탓에 |
|---|---|---|
| 떠들다 | | |
| 싸우다 | | |
| 맵다 | | |
| 피곤하다 | | |
| 성격 | | |
| 날씨 | | |

## 2. <보기>와 같이 연습하세요.

**보기** 등산을 가다/비가 많이 오다
가: 등산을 갔어요?
나: 비가 많이 오는 탓에 등산을 못 갔어요.

가: _____?
나: _____.

① 버스를 타다/사람들이 많다
② 금연에 성공하다/의지가 약하다
③ 시험에 합격하다/노력하지 않다
④ 밤에 잘 자다/커피를 5잔이나 마시다
⑤ ?

## N인 탓에

연예인인 탓에 사람이 많은 곳에 못 가요.
남자인 탓에 슬플 때 마음껏 울 수 없어요.
청소년인 탓에 찜질방에 늦게까지 있으면 안 돼요.

| 받침 ○+인 탓에 | 주말→주말인 탓에 |
| 받침 ×+인 탓에 | 감기→감기인 탓에 |

### 1. 쓰세요.

| 부자 | 부자인 탓에 | 모델 | |
| 아버지 | | 사장 | |

### 2. <보기>와 같이 연습하세요.

| 보기  선거를 안 하다/미성년자이다 |
| 가: 스테파니 씨는 왜 선거를 안 해요? |
| 나: 저는 미성년자인 탓에 선거를 할 수 없어요. |

가: _____?
나: _____.

① 저녁을 안 먹다/모델이다
② 남자 친구를 못 사귀다/걸그룹이다
③ 이 자리에 안 앉다/노약자석이다
④ 오늘 은행 문을 안 열다/공휴일이다
⑤ ?

# 문법 3

## A/V-잖아요, N(이)잖아요

그 가수는 춤도 잘 추고 노래도 잘하잖아요.
우리 내일 만나기로 약속했잖아요.
오늘은 제 생일이잖아요.

### A/V-잖아요

받침 ○+잖아요                    듣다→듣잖아요
받침 ✕+잖아요                    예쁘다→예쁘잖아요

### A/V-았/었잖아요

ㅏ, ㅗ ○+았잖아요                좋다→좋았잖아요
ㅏ, ㅗ ✕+었잖아요                읽다→읽었잖아요

### N(이)잖아요

받침 ○+이잖아요                  주말→주말이잖아요
받침 ✕+잖아요                    숙제→숙제잖아요

### N이었/였잖아요

받침 ○+이었잖아요                시험→ 시험이었잖아요
받침 ✕+였잖아요                  친구→친구였잖아요

1. 쓰세요.

| 사다 | 사잖아요 | 샀잖아요 |
|---|---|---|
| 입다 | | |
| 만나다 | | |
| 많다 | | |
| 답답하다 | | |
| 산 | | |
| 청바지 | | |

2. <보기>와 같이 연습하세요.

| 보기 | 그 영화가 유명해서 봤다 |
|---|---|
| 가: 왜 그 영화를 봤어요? | 가: _____? |
| 나: 유명하잖아요. | 나: _____. |

① 꽃이 예뻐서 샀다
② 아이가 귀여워서 사탕을 주었다
③ 경치가 아름다워서 사진을 찍었다
④ 날씨가 더워서 짧은 바지를 입었다
⑤ ?

## 이야기해 보세요 1

리우팅: 애니 씨, 저 요즘 고민이 있어요.
애　니: 무슨 고민인데요?
리우팅: 담배를 피운 탓에 이가 노래졌어요.
애　니: 아이고, 그러면 치과에 가 보세요.
리우팅: 왜요?
애　니: 치과에서 미백 치료를 하잖아요.

| 친구 이름 | 친구의 고민이 뭐예요? | 해결 방법이 뭐예요? |
|---|---|---|
| 리우팅 | 담배를 피운 탓에 이가 노래졌다 | 치과에서 미백 치료를 받는다 |

## 문법 4

### A/V-(으)ㄴ/는 편이다

오늘은 날씨가 따뜻한 편이에요.
저는 우리 반에서 덩치가 큰 편이에요.
리우팅 씨는 셀카를 자주 찍는 편이에요.

| V- 는 편이다 | | V-(으)ㄴ 편이다 | |
|---|---|---|---|
| 받침 ○ + 는 편이다 | 입다→입는 편이다 | 받침 ○ + 은 편이다 | 받다→받은 편이다 |
| 받침 X + 는 편이다 | 자다→자는 편이다 | 받침 X + ㄴ 편이다 | 사다→산 편이다 |

| A-(으)ㄴ 편이다 | |
|---|---|
| 받침 ○ + 은 편이다 | 좋다→좋은 편이다 |
| 받침 X + ㄴ 편이다 | 바쁘다→바쁜 편이다 |

### 1. 쓰세요.

| 마시다 | 마시는 편이다 | 마신 편이다 |
|---|---|---|
| 먹다 | | |
| 울다 | | |
| 춥다 | | |
| 싸다 | | |

### 2. <보기>와 같이 연습하세요.

보기: 이 책이 재미있다
가: 이 책 어때요?
나: 재미있는 편이에요.

가: _____?
나: _____.

① 이 음식이 맛있다
② 리우팅 씨의 요리 솜씨가 좋다
③ 고향의 날씨가 춥다
④ 이 문법이 쉽다
⑤ ?

3. <보기>와 같이 연습하세요.

> **보기** 일주일에 네 번 운동한다
> 가: 자주 운동하세요?
> 나: 네, 일주일에 네 번 운동하니까 자주 하는 편이에요.

가: _____?
나: _____.

① 하루에 다섯 번 손을 씻는다
② 매주 친구를 만난다
③ 방학마다 고향에 간다
④ 하루에 세 번 여자 친구와 전화한다
⑤ ?

# 문법 5

### A/V-기 마련이다

아프면 부모님이 보고 싶기 마련이에요.
침대에 누워 있으면 잠이 오기 마련이에요.
사랑하는 사람이 생기면 예뻐지기 마련이에요.

| 받침 ○+기 마련이다 | 돕다→돕기 마련이다 |
|---|---|
| 받침 ×+기 마련이다 | 아프다→아프기 마련이다 |

**1. 쓰세요.**

| 도망가다 | 도망가기 마련이다 | 살이 찌다 | |
|---|---|---|---|
| 만들다 | | 웃다 | |
| 슬프다 | | 바쁘다 | |
| 외롭다 | | 많다 | |

**2. <보기>와 같이 연습하세요.**

| 보기 | 밤을 새워서 피곤하다 |
|---|---|
| 가: 밤을 새웠더니 피곤해요. | 가: _____? |
| 나: 밤을 새우면 피곤하기 마련이에요. | 나: _____. |

① 친구와 싸워서 속상하다
② 배부르게 먹어서 졸리다
③ 휴대폰을 오래 써서 시력이 나빠졌다
④ 좋은 사람을 만나서 기분이 좋아졌다
⑤ ?

## 문법 6

### N(이)나마

제가 조금**이나마** 도움이 되면 좋겠어요.
잠시**나마** 만나서 즐거운 시간을 보냈어요.
앉을 곳**이나마** 있어서 잠깐 쉴 수 있었어요.

받침 ○ + 이나마              시간 → 시간**이나마**
받침 × + 나마                음료수 → 음료수**나마**

**1. 쓰세요.**

| 이것 | 이것이나마 | 5 분 | |
| 신문 | | 운동화 | |
| 선배 | | 라면 | |

**2. <보기>와 같이 연습하세요.**

| 보기 잠깐 쉬고 싶다 | |
|---|---|
| 가: 잠깐이나마 쉬고 싶어요.<br>나: 저도요. | 가: _____?<br>나: _____. |

① 짧은 시간이지만 즐거웠다
② 남은 시간 동안 열심히 공부하겠다
③ 교통카드가 있어서 다행이다
④ 리에 씨가 있어서 안심이 되다
⑤ ?

## 이야기해 보세요 2

리　　에: 리에 씨는 화장을 잘하는군요! 화장을 잘 하는 방법이 뭐예요?
스테파니: 저는 시간이 날 때마다 뷰티 프로그램을 보는 편이에요.
리　　에: 그래요? 뷰티 프로그램을 보면 저도 화장을 잘할 수 있을까요?
스테파니: 물론이지요. 무슨 일이든지 꾸준히 하면 실력이 좋아지기 마련이에요.

| 친구 이름 | 친구가 무엇을 잘해요? | 방법이 뭐예요? |
|---|---|---|
| 리에 | 화장 | 뷰티 프로그램을 자주 본다 |
|  |  |  |
|  |  |  |

## 본문

스테파니: 리에 씨는 보면 볼수록 정말 날씬한 것 같아요. 부러워요.
리  에: 날씬하기는요. 숨어 있는 살이 얼마나 많은데요.
스테파니: 저는 매일 조금만 먹는데도 불구하고 살이 안 빠져요. 심지어 물만 마셔도 살이 쪄요.
리  에: 그래요? 저는 고등학교 때 뚱뚱한 편이었어요. 그때는 음식도 골고루 먹지 않고 주로 초콜릿이나 케이크만 먹었거든요.
스테파니: 그러면 건강에 안 좋은데…….
리  에: 맞아요, 매일 그렇게 먹은 탓에 살이 20kg이나 쪘어요. 그래서 친구들이 저를 '돼지'라고 불렀어요.
스테파니: 우아! 상상이 안 되는데요.
리  에: 정말이에요. 대학교에 들어온 다음에는 간식을 안 먹는데도 불구하고 몸무게가 줄지 않았어요. 정말 심각했어요.
스테파니: 그런데 지금은 이렇게 날씬하고 건강하잖아요. 날씬한 몸매를 유지하는 비결이 뭐예요? 좀 자세히 얘기해 봐요.
리  에: 그때 수영을 배웠더니 살이 빠지기 시작했어요.
스테파니: 수영하고 나면 배가 고프지 않아요?
리  에: 맞아요, 운동을 하고 나면 배가 고프기 마련이지요. 그런데 그때가 제일 중요해요. 운동 후에는 절대로 먹지 말고 꾹 참아야 해요.
스테파니: 아이고, 갈 길이 머네요!
리  에: 처음에는 힘들지만 꾸준히 하다 보면 익숙해질걸요. 게다가 스테파니 씨는 뭐든지 열심히 하니까 좋은 결과가 있을 거예요.
스테파니: 네, 알겠어요. 알려 줘서 고마워요.
리  에: 조금이나마 도움이 되었다니 다행이에요.

**1. 위의 내용과 같으면 ○, 다르면 × 하십시오.**

① 스테파니 씨는 살이 잘 찌는 편이다.　　　　　　　　　(　　)
② 리에 씨는 어릴 때부터 날씬했다.　　　　　　　　　　(　　)
③ 살을 뺄 때는 운동 후에 음식을 먹으면 안 된다.　　　(　　)

**2. 두 사람은 무엇을 이야기하고 있습니까?**

**3. 리에 씨는 어떻게 살을 뺐습니까?**

**4. 여러분이 알고 있는 다이어트 방법에는 어떤 것이 있습니까? 이야기해 보세요.**

# 듣기

1. 들은 내용과 같으면 ○, 다르면 × 하십시오.

① 김정희 씨는 어릴 때부터 뚱뚱했다.　　　　　　　　　(　　　)
② 김정희 씨는 뚱뚱해서 무릎이 안 좋아졌다.　　　　　　(　　　)
③ 김정희 씨는 아들을 부끄러워했다.　　　　　　　　　(　　　)

2. 이 프로그램은 무엇을 하는 프로그램입니까?

3. 김정희 씨가 살이 찌게 된 이유는 무엇입니까?

4. 여러분은 살을 빼겠다고 결심한 적이 있습니까? 왜 그랬습니까? 이야기 해 보세요.

# 읽기

## 다이어트에 실패하는 원인과 극복 방법

세상에는 건강을 위해서, 또는 멋진 외모를 갖거나 유지 하기 위해서 끊임없이 다이어트를 하는 사람들이 있다. 그렇지만 모든 사람들이 다이어트에 성공하는 것은 아니다. 영국의 한 조사 결과를 보면 세 달 안에 83%가 다이어트를 포기하고 17%만 성공한다고 한다. 열심히 다이어트를 하는데도 불구하고 실패하는 이유는 무엇일까?

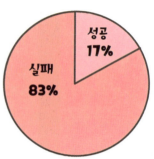

첫째, 살을 빼려고 처음부터 지나치게 운동하면 안 된다. 급하게 살을 빼면 병이 생기기 마련이다.

둘째, 주변 사람들과 자주 만나서 식사하면 안 된다. 마음이 편한 탓에 모르는 사람과 있을 때보다 더 많이 먹기 때문이다. 또한, 주변 사람들은 '너는 날씬한 편이야.' 또는 '통통하니까 귀엽잖아.'처럼 좋은 말만 해 준다. 그러면 나도 모르는 사이에 다이어트를 포기하게 된다.

셋째, 밥을 안 먹는다고 해서 살이 빠지는 것은 아니다. 무조건 굶지 말고 채소나 닭 가슴살처럼 다이어트에 좋은 음식을 먹어야 한다.

넷째, 음식이 너무 먹고 싶을 때는 억지로 참지 말고 먹는 것이 좋다. 참느라고 힘들어하다가 스트레스를 받아서 더 먹게 된다. 특히 밤에 배가 고플 때에는 무조건 참지 말고 따뜻한 우유를 마시는 것이 좋다.

마지막으로 감정도 다이어트와 관련이 있다. 사람들은 일이 많아서 힘들거나 스트레스를 받을 때 먹고 싶다는 생각을 하게 된다. 그럴 때에는 요가나 운동을 하면서 즐겁고 편안한 마음을 가져야 한다.

위의 방법들이 다이어트를 하는 사람들에게 조금이나마 도움이 되면 좋겠다.

1. 위의 내용과 같으면 ○, 다르면 × 하십시오.

① 다이어트에 실패하는 사람이 많다.　　　　　　　　　(　　　)
② 모르는 사람과 같이 밥을 먹으면 살이 찐다.　　　　　(　　　)
③ 음식을 먹고 싶을 때 무조건 참는 것이 몸에 좋다.　　(　　　)

2. 다이어트에 성공하는 사람들은 몇 %나 됩니까?

3. 사람들은 왜 다이어트를 합니까?

4. 여러분은 다이어트를 위해서 어떤 결심을 했습니까? 이야기해 보세요.

## 쓰기

1. 건강을 지키는 방법에는 무엇이 있을까요?

| | |
|---|---|
| 건강이 중요한 이유 | |
| 건강이 나빠지는 이유 | |
| 건강해지는 방법 | |

2. '건강을 지키는 방법'이라는 제목으로 글을 써 보세요.

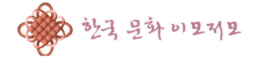 한국 문화 이모저모

## 여러분, 한 달에 얼마나 쓰세요?

대학을 다니고 있는 한국 학생들의 한달 생활비가 얼마나 들까?
2015년 10월 어느 인터넷 사이트에서 대학생 월 평균 생활비에 대해 설문 조사를 실시한 결과, 대학생들이 한 달 생활비로 평균 약 36만 6천원을 소비하는 것으로 나타났다. 이는 부모님과 같이 생활하는 대학생들의 평균 생활비이고, 자취/하숙 등 부모님과 따로 생활하는 대학생은 약 48만 8천원으로 부모님과 같이 생활하는 학생보다 1.3배를 더 쓰고 있었다. 남학생과 여학생의 평균 용돈도 차이를 보였는데 남학생의 경우 한 달에 약 34-45만원정도, 여학생은 한 달에 약 33-38만원정도 사용한다고 한다.

이러한 한달 평균 생활비38만원도 하루 중 점심을 밖에서 먹는 것 이외엔 아침, 저녁을 집에서 해결한다는 전제에서 사용하는 금액이다. 실제 대학생들의 하루 용돈을 살펴보면, 하루에 교통비 2400원(왕복), 점심값(학교식당과 편의점 간단메뉴 경우) 약 3500원, 커피한잔 값 3900원으로 합계 9800원정도를 소비한다. 그 밖에 문화생활비(영화 및 공연 관람, 도서 구입 등) 10만원 안밖의 돈을 사용하고 핸드폰 요금은 부모님께서 내 주시는 경우가 대부분이다.

실제 평균 생활비라는 것이 한 달을 온전히 버티기엔 적은 액수이다. 오히려 평균이라는 생활비보다 한 달에 드는 생활비가 핸드폰 요금, 혹은 친구들과 한 달에 두세 번 술자리를 갖는 다면38만원을 훌쩍 넘는 비용이 예상된다. 실제 아르바이트를 하는 학생들의 절반이상도 부족한 한달 용돈을 마련하기 위해 일을 하고 있다고 한다. 용돈을 버는 것도 중요하지만 받은 용돈을 낭비하지 않고 관리하는 것이 더 중요하다.

첫째, 쓰는 비용을 관리하기 위해 가계부를 쓴다. 한달 동안 매일매일 꾸준히 지출비용을 쓰면서 내가 낭비하고 있는 부분이 없는지 확인해 본다. 요즘 다양한 스마트폰의 가계부 앱을 이용해 편리하게 지출내역을 작성해 본다.

## 한국 문화 이모저모

　둘째, 대학생체크카드를 만들어 보자. 학생카드 겸 체크카드로 사용할 수 있는데 교통비, 유명 커피체인점, 편의점, 서점 등 5-10%의 청구할인, 영화관 놀이동산 할인 등 다양한 혜택을 누릴 수 있다.

　셋째, 체크카드로 나의 소비습관을 알아본다면 저축을 위한 통장 또한 만들어 보자. 오직 저축만을 위한 통장에 용돈을 받거나 아르바이트 비를 받으면 먼저 저금을 한 후 나머지 돈으로 한 달을 생활해 본다.

　이상, 세 가지 방법을 꾸준히 하면서 자신의 소비습관과 낭비한 지출 비용을 알아보고 고치도록 한다. 내 돈은 내가 지켜 나가는 것이 가장 중요하다.

　설문조사 결과 출처: 아르바이트 전문 구인구직 포탈 알바몬(www.albamon.com)

# 14 강아지한테 과자를 먹여도 돼요?

■ 학습목표: 다른 사람에게 부탁할 수 있다.
■ 기　　능: 진술하기, 부탁하기
■ 문　　법: A/V-더라고요, N(이)더라고요 / V-도록 / N 덕분에 / N이/가 (N에게) N을/를 V / V-게 하다 / N을/를 시키다

스테파니: 크리스 씨, 강아지한테 과자를 먹여도 돼요?
크 리 스: 동물 병원 선생님이 먹이면 안 된다고 하더라고요.
스테파니: 그런데 보리가 이 과자만 한참이 지나도록 보고 있어요.
크 리 스: 산책이나 시켜야겠어요. 보리야, 나가자.

## 어휘와 표현

### 명사

| | |
|---|---|
| 동물 | 사슴 |
| 사육사 | 수의사 |
| 우리 | 먹이 |
| 유치원 | 이것저것 |
| 집안일 | 햇빛 |
| 상태 | 한참 |
| 올림픽 | 햄 |

### 동사

| | |
|---|---|
| 진찰하다 | 회복되다 |
| 앓다 | 돌보다 |
| 지키다 | 영업하다 |
| 줄다 | 데려오다 |
| 둘러보다 | 비다 |
| 빗다 | 뿌리다 |
| 일어서다 | 붙다 |
| 속다 | 애타다 |
| 밤새다 | |

### 형용사

| | |
|---|---|
| 불쌍하다 | 서늘하다 |
| 세심하다 | 신선하다 |
| 안전하다 | |

### 표현

| | |
|---|---|
| 드디어 | 시름시름 |
| 어느새 | 제대로 |
| 편안히 | 여보 |
| 통학 버스 | 신경을 쓰다 |

**더 배워 봅시다.**

▶▶ **싼 것이 비지떡: 싼 물건이 품질이 나쁠 확률이 높다**

예) 리우팅: 어제 길에서 4,000원짜리 이어폰을 샀는데 소리가 안 들려요.
    크리스: 4,000원요? 싼 게 비지떡이네요!

▶▶ **어깨가 무겁다(↔어깨가 가볍다): 무거운 책임을 져서 부담이 된다**

예) 마리오: 우리 반 대표로 말하기 대회에 나가게 되었는데 기분이 어때요?
    스테파니: 어깨가 무거워요. 그렇지만 열심히 할 거예요.

**여러분도 이야기를 만들어 보세요.**

# 문법 1

## A/V-더라고요, N(이)더라고요

오늘은 공휴일이라서 은행이 문을 닫았더라고요.
학교에 오니까 아무도 없더라고요.
아까 만난 사람이 사장님이더라고요.

A/V-더라고요

받침 ○+더라고요　　　　　　찍다→찍더라고요
받침 ×+더라고요　　　　　　예쁘다→예쁘더라고요

A/V-았/었더라고요

ㅏ, ㅗ ○+았더라고요　　　　　만나다→만났더라고요
ㅏ, ㅗ ×+었더라고요　　　　　아프다→아팠더라고요

N(이)더라고요

받침 ○+이더라고요　　　　　전통→전통이더라고요
받침 ×+더라고요　　　　　　숙제→숙제더라고요

N이었/였더라고요

받침 ○+이었더라고요　　　　형→형이었더라고요
받침 ×+였더라고요　　　　　순서→순서였더라고요

## 1. 쓰세요.

| 자다 | 자더라고요 | 잤더라고요 |
|---|---|---|
| 뿌리다 | | |
| 받다 | | |
| 넉넉하다 | | |
| 미끄럽다 | | |
| 누나 | | |
| 방송 중 | | |

## 2. <보기>와 같이 연습하세요.

보기  쇼핑하다/옷이 안 맞다
가: 왜 쇼핑했어요?
나: 요즘 옷이 안 맞더라고요.

가: _____?
나: _____.

① 태권도를 배우다/재미있을 것 같다
② 구름 사진을 찍다/하늘이 아름답다
③ 휴대폰을 사다/싸게 팔다
④ 돈을 안 내다/무료 공연이다
⑤ ?

# 문법 2

**V-도록**

어제 시험이 있어서 밤늦도록 공부했어요.
남자 친구가 일주일이 지나도록 연락을 안 해서 걱정이에요.
올림픽에 출전하기 위해 3년이 넘도록 연습했어요.

1. 쓰세요.

| | | | |
|---|---|---|---|
| 늦다 | 늦도록 | 밤새다 | |
| 되다 | | 넘다 | |
| 지나다 | | | |

2. <보기>와 같이 연습하세요.

> 보기  운동하다/1시간, 넘다
> 가: 얼마 동안 운동했어요?
> 나: 1시간이 넘도록 운동했어요.

가: _____?
나: _____.

① 기다리다/3시간, 되다
② 부모님을 못 보다/1년, 지나다
③ 소설을 읽다/밤이 늦다
④ 드라마를 보다/밤새다
⑤ ?

## 문법 3

### 덕분에

큰키 덕분에 모델이 되었어요.
선생님 덕분에 한국어가 재미있어졌어요.
여행사 덕분에 즐거운 여행을 할 수 있을 것 같아요.

받침 ○ + 덕분에                     교수님 → 교수님 덕분에
받침 × + 덕분에                     친구 → 친구 덕분에

**1. 쓰세요.**

| 리에 씨 | 리에 씨 덕분에 | 여러분 | |
| --- | --- | --- | --- |
| 손님 | | 커피 | |
| 사장님 | | 신발 | |

**2. <보기>와 같이 연습하세요.**

> **보기** 스테파니 씨가 도와줘서 시험을 잘 봤다
> 가: 시험을 잘 봤어요?
> 나: 네, 스테파니 씨 덕분에 잘 봤어요.

가: _____?
나: _____.

① 여행책이 있어서 여행 준비를 다 했다
② 신선한 재료가 들어 있어서 맛있게 먹었다
③ 의사 선생님께서 진찰을 잘 해 주셔서 감기가 다 나았다
④ 친구가 알려줘서 비행기 표를 싸게 샀다
⑤ ?

## 이야기해 보세요 1

**스테파니:** 리우팅 씨는 친구에게 도움을 받은 적이 있어요?
**리 우 팅:** 네, 지난주에 리에 씨 덕분에 시험을 잘 봤어요.

| 친구 이름 | 도움 받은 일 |
|---|---|
| 리에 | 시험 공부 |
|  |  |
|  |  |
|  |  |

# 문법 4

### N이/가 (N에게) N을/를 V

레몬차를 끓여서 마실까요?
엄마가 아기에게 밥을 먹였어요.
스테파니 씨가 강아지에게 옷을 입혔습니다.

| -이- | | -히- | |
|---|---|---|---|
| 보다 | 보이다 | 입다 | 입히다 |
| 녹다 | 녹이다 | 맞다 | 맞히다 |
| 줄다 | 줄이다 | 눕다 | 눕히다 |
| 속다 | 속이다 | 앉다 | 앉히다 |
| 끓다 | 끓이다 | 넓다 | 넓히다 |
| 붙다 | 붙이다 | 좁다 | 좁히다 |
| 죽다 | 죽이다 | 읽다 | 읽히다 |

| -리- | | -기- | |
|---|---|---|---|
| 울다 | 울리다 | 빗다 | 빗기다 |
| 살다 | 살리다 | 벗다 | 벗기다 |
| 돌다 | 돌리다 | 신다 | 신기다 |
| 얼다 | 얼리다 | 씻다 | 씻기다 |
| 늘다 | 늘리다 | 맡다 | 맡기다 |
| 알다 | 알리다 | 남다 | 남기다 |
| 날다 | 날리다 | 감다 | 감기다 |

| -우- | | -추- | |
|---|---|---|---|
| 비다 | 비우다 | 낮다 | 낮추다 |
| 깨다 | 깨우다 | 늦다 | 늦추다 |
| ♥서다 | 세우다 | | |

♥쓰다      씌우다
♥타다      태우다
♥자다      재우다
♥크다      키우다

2. <보기>와 같이 연습하세요.

| 보기 누나/동생, 씻다 | 가: _____? |
|---|---|
| 가: 지금 누나가 뭐 해요?<br>나: 동생을 씻기고 있어요. | 나: _____. |

① 형/얼음, 녹다
② 리우팅/라면, 끓다
③ 엄마/아기의 머리, 빗다
④ 엄마/아이의 바지 길이, 줄다
⑤ ?

3. <보기>와 같이 연습하세요.

| 보기 엄마/아기, 신발, 신다 | 가: _____? |
|---|---|
| 가: 지금 엄마가 뭐 해요?<br>나: 엄마가 아기에게 신발을 신기고 있어요. | 나: _____. |

① 선생님/버스, 학생들, 타다
② 아빠/아들, 모자, 쓰다
③ 리에/애니, 가방, 맡다
④ 토린 씨/무릎, 강아지, 앉다
⑤ ?

## 문법 5

**V-게 하다**

아이가 배고프다고 해서 밥을 먹게 했어요.
선생님이 학생에게 문제를 풀게 했어요.
의사가 환자에게 술을 못 마시게 했어요.

받침○+ 게 하다          신다→신게 하다
받침×+ 게 하다          보다→보게 하다

### 1. 쓰세요.

| | | |
|---|---|---|
| 가다 | 가게 하다 | 청소하다 |
| 받다 | | 외우다 |
| 살다 | | 만나다 |

### 2. <보기>와 같이 연습하세요.

**보기** 남편이 주말에 잠만 잔다
가: 남편이 주말에 잠만 자려고 해요.
나: 안돼요, 집안일을 돕게 하세요.

가: _____?
나: _____.

① 동생이 감기에 걸렸는데 병원에 안 간다
② 다음 주에 시험인데 친구들이 놀기만 한다
③ 아이가 밥을 먹을 때 햄만 먹는다
④ 친구가 수업 중에 게임을 한다
⑤ ?

# 문법 6

### N을/를 시키다

엄마가 동생에게 심부름을 시켰어요.
친구들이 리에 씨에게 노래를 시켰는데 정말 잘 불렀어요.
배고픈데 DK 피자에서 피자를 시켜 먹을까요?

| 받침○+을 시키다 | 음식→음식을 시키다 |
| 받침×+를 시키다 | 태권도→태권도를 시키다 |

## 1. 쓰세요.

| 빨래 | 빨래를 시키다 | 치킨 | |
| 발표 | | 배달 | |
| 운동 | | 커피 | |

## 2. <보기>와 같이 연습하세요.

**보기** 리우팅 씨/요리
가: 리우팅 씨에게 무엇을 시켰어요?
나: 요리를 시켰어요.

가: _____?
나: _____.

① 스테파니 씨/운전
② 마리오 씨/설거지
③ DK 마트/라면, 과일
④ 중국 식당/짜장면, 짬뽕, 탕수육
⑤ ?

## 이야기해 보세요 2

사촌 언니: 오늘 우리 마이클을 잘 부탁해.
스테파니: 응, 언니. 내가 뭘 하면 돼?
사촌 언니: 먼저 아침에 일어나면 마이클의 머리를 감겨 줘.
스테파니: 그리고?
사촌 언니: 그 다음에는 마이클에게 옷을 입혀 줘.

| 부탁하는 사람 | 돌봐야 할 일 1 | 돌봐야 할 일 2 |
|---|---|---|
| 사촌 언니 | 마이클의 머리를 감긴다 | 마이클에게 옷을 입힌다 |

# 본문

아내: 여보, 저 이제 나가 볼게요.
남편: 그래요. 오랜만에 동창들과 만나는 거니까 집안일은 모두 잊어버리고 즐겁게 지내다가 와요.
아내: 네, 알겠어요. 제가 없는 동안 우리 지영이를 잘 돌봐 주세요.
남편: 나도 오늘은 회사에 안 가는 날이니까 지영이 걱정은 하지 말아요. 오늘 내가 뭘 하면 돼요?
아내: 지영이에게 아침밥을 먹여야 하니까 8시쯤에는 지영이를 깨워 주세요.
남편: 알았어요. 밥을 먹인 다음에는요?
아내: 지영이 머리를 감기고 얼굴도 씻겨 주세요. 감기에 걸리면 안 되니까 빨리 해야 돼요.
남편: 씻기고 난 다음에 어떤 옷을 입힐까요?
아내: 지영이 방 옷장에 오늘 입힐 옷을 걸어 놓았어요.
남편: 유치원에 몇 시까지 보내야 해요?
아내: 9시 30분에 집 앞으로 유치원 통학 버스가 오니까 거기에 태우면 돼요. 그리고 4시에 돌아오니까 그때까지 청소와 빨래도 좀 해 주세요.
남편: 할 일이 이렇게 많아요?
아내: 그럼요, 집안일이 얼마나 많은지 이제야 알았지요? 그리고……
남편: 네네. 알겠어요. 제발 그만 시키고 빨리 출발해요. 이러다가 늦겠어요.
아내: 하하하, 알았어요. 여보, 그럼 오늘 잘 부탁해요. 다녀올게요.
남편: 나만 믿고 잘 다녀와요.
아내: 고마워요. 당신 덕분에 편안히 잘 다녀올 수 있을 것 같아요.

1. 위의 내용과 같으면 ○, 다르면 × 하십시오.

① 남편은 오늘 회사에 가지 않아도 된다. (     )
② 아내는 오후 4시에 집으로 돌아올 예정이다. (     )
③ 남편은 지영이가 유치원에 간 사이에 집안일을 할 것이다. (     )

2. 아내는 오늘 무엇을 하려고 합니까?

3. 남편이 아침에 지영이에게 해 줘야 할 일은 무엇입니까?

4. 지영이가 집에 돌아오면 무엇을 해 줘야 할까요? 이야기해 보세요.

# 듣기

1. 들은 내용과 같으면 ○, 다르면 × 하십시오.

① 애니 씨는 지금 강아지와 함께 있다.                    (        )
② 애니 씨는 답답해서 산책을 하려고 한다.                (        )
③ 크리스 씨는 애니 씨에게 선물을 줄 것이다.            (        )

2. 크리스 씨는 무엇을 하고 있습니까?


3. 애니 씨는 오후에 무엇을 할 것입니까?


4. 여러분도 친구에게 부탁을 받은 적이 있습니까? 이야기해 보세요.

# 읽기

　　나는 동물원 사육사이다. 동물들의 건강을 위해 안전하고 깨끗한 환경을 만들어 주는 여러 가지 일을 한다.

　　우리는 보통 8시 30분쯤 상쾌한 마음으로 동물원에 출근한다. 그리고 동물들이 밤새도록 잘 지냈는지 확인하고 동물 우리를 청소한다.

　　11시쯤 되면 동물들의 먹이를 준비해야 한다. 아기 동물들에게는 우유를 먹이고 그 외의 동물들은 좋아하는 채소나 과일을 준비해서 먹인다. 동물들이 식사를 마치고 나면 오후 1시가 된다.

　　날씨가 더운 여름에는 동물들이 힘들어하지 않게 물을 뿌려서 시원하게 해 주고 열에 약한 동물들은 서늘한 우리 안으로 옮겨서 햇빛을 피하게 해 주어야 한다.

　　어제 아침에는 사슴 우리에 갔더니 사슴 한 마리가 제대로 일어서지도 못하고 시름시름 앓고 있었다. 너무 불쌍하고 걱정이 되었다. 그 사슴을 데리고 동물 병원으로 갔더니 더워서 병에 걸린 것이라고 했다. 수의사 선생님은 병이 나을 때까지 사슴을 병원에 입원을 시켜야 한다고 하셨다. 애타는 마음에 밤늦도록 사슴 옆을 지키고 있다가 일단은 집으로 돌아왔다.

　　오늘은 출근하자마자 후배에게 일을 맡기고 아침부터 동물 병원으로 갔다. 후배에게 일을 시키는 것이 미안했지만 사슴이 걱정되어 어쩔 수 없었다. 다행히도 사슴은 병원에서 푹 쉬어서 그런지 상태가 많이 좋아진 것 같았다. 그렇지만 수의사 선생님께서는 사슴이 완전히 회복되려면 하루 더 병원에서 재워야 한다고 말씀하셨다. 수의사 선생님 덕분에 사슴이 빨리 나을 것 같다.

　　동물원으로 돌아오니까 어느새 저녁이 되었다. 마지막으로 동물원의 우리를 둘러보면서 문제가 없는지 확인했다. 드디어 긴 하루가 끝났다.

1. 위의 내용과 같으면 ○, 다르면 × 하십시오.

① 사육사는 몸이 아파서 병원에 갔다.                    (        )
② 사육사는 오늘 오전에 일을 하지 않았다.              (        )
③ 사슴은 병원에 사흘 동안 있어야 한다.                  (        )


2. 사육사는 보통 오전에 무엇을 합니까?


3. 어제 사슴에게 무슨 일이 있었습니까?


4. 여러분은 동물원에 가 본 적이 있습니까? 어땠는지 이야기해 보세요.

# 쓰기

1. 우리의 부모님은 우리를 어떻게 키워 주셨어요?

| |
|---|
| 부모님의 소개 |
| 내가 아팠을 때 해 주신 일 |
| 내가 힘든 일이 있었을 때 해 주신 일 |
| 앞으로 부모님께 해 드리고 싶은 일 |

2. '부모님의 사랑'이라는 제목으로 글을 써 보세요.

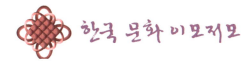

# 대학강의 수강 : 발표하기

발표는 대부분의 수업에서 빠지지 않는 평가 방법 중 하나이다. 이는 학생의 주도적인 수업 준비와 자주 발표 능력을 중시하고 능동적 수업 태도가 아닌 주동적 수업 분위기를 이끌어 가기 위함에 그 목적이 있다. 발표 전 준비를 철저히 하고 신중하게 계획하는 것이 아주 중요하지만 발표를 자연스럽게 이끌어나갈 수 있도록 그 기본 용어들에 대해 알아 두는 것도 중요하다.

| 1. 첫인사 | 여러분, 안녕하십니까? 저는 중국에서 온 OOO입니다. |
|---|---|
| 2. 발표 주제 소개 | a. 오늘 제가 발표하고자 하는 것은 ---입니다.<br>b. 오늘 저는 ---에 대한 주제로 발표를 하겠습니다. 이 주제로 약 OO분가량 말씀 드리도록 하겠습니다. |
| 3. 발표 내용의 전체 구성, 요점 전달 | a. 오늘 제 발표는 세 부분으로 살펴볼 수 있습니다. 첫째,~ 둘째~, 마지막~.<br>b. 오늘 제 발표는 ~(으)로 시작해서 ~을/를 살펴보고 ~(으)로 마무리하도록 하겠습니다. |
| 4. 발표 시작 & 과정 | 우선 ---에 대해 알려 드리겠습니다.<br>이렇게 해서 첫 번째 부분에 대한 내용이 끝났습니다.<br>다음으로 넘어가서~<br>(내용을 덧붙여 말하기) ~에 대해 자세히 말하겠습니다. |
| 5. 효과적인 마무리 | 지금까지의 내용을 간략히 정리해 보겠습니다.<br>이것으로 오늘의 발표를 마칠까 합니다.<br>경청해 주셔서 감사합니다. 이상입니다.<br>(질문 받기) 궁금한 점이 있으시면 질문해 주십시오. |

memo*

# 15

## 준비하려면 많이 힘들 텐데 제가 도와줄까요?

- 학습목표: 한국의 옛날이야기를 통해 한국 전통문화를 이해하고 감상할 수 있다.
- 기    능: 감상하기, 후회 표현하기
- 문    법: N에 대해(서)/대한 / V-다시피 / A/V-(으)ㄴ/는 반면에, N인 반면에 / A/V-(으)ㄴ/는 척하다, N인 척하다 / A/V-(으)ㄹ 텐데, N일 텐데 / V-기

리우팅: 저는 요즘 도서관에서 살다시피 해요.
스테파니: 웬일이에요? 갑자기 공부하는 척하고 그래요?
리우팅: 다음 주에 약속의 중요성에 대한 발표가 있거든요!
스테파니: 아이고, 준비하려면 많이 힘들 텐데 제가 도와줄까요?

# 어휘와 표현

## 명사

| | |
|---|---|
| 등장인물 | 장면 |
| 기사 | 역사 |
| 자료 | 가면 |
| 노총각 | 우렁이 |
| 이별 | 인간 |
| 배낭 | 보고서 |
| 전쟁 | 평화 |
| 중요성 | 동영상 |
| 자연 | 보호 |
| 웬일 | 특파원 |
| 화면 | 동창회 |
| 유료 | |

## 동사

| | |
|---|---|
| 뛰쳐나오다 | 뛰어다니다 |
| 붙잡다 | 지켜보다 |
| 계속하다 | 거절하다 |
| 버림받다 | 설득하다 |
| 어기다 | 허락하다 |
| 애원하다 | 용서하다 |
| 체념하다 | 짐작하다 |
| 연결하다 | 이어지다 |

## 형용사

| | |
|---|---|
| 곤란하다 | 괴롭다 |
| 창피하다 | 놀랍다 |
| 보람되다 | 뒤늦다 |
| 딱딱하다 | 순진하다 |
| 중요하다 | |

| 표현 | |
|---|---|
| 딱 | 차츰 |
| 어머나 | 으악 |
| 이상 기후 | 제품명 |
| 고개를 숙이다 | 입맛이 없다 |
| 코를 골다 | UCC |

**더 배워 봅시다.**

▶▶ 아는 길도 물어서 가라: 잘 안다고 방심하지 말고 다시 확인하는 것이 좋다

예) 크리스: 내일 문화 체험에 갈 때 준비물이 없겠지요?
　　마리오: 리우팅 씨가 없다고 했는데……. 선생님께 다시 물어봅시다.
　　크리스: 네, 그렇게 해요. 아는 길도 물어서 가는 게 좋으니까요.

▶▶ 개구리 올챙이 적 생각 못한다: 성공하고 나서 옛날의 어려웠던 때를 잊고 잘난 척한다

예) 토린: 크리스 씨가 한국어를 정말 못하더라고요.
　　리에: 우리도 처음에는 잘 못했잖아요. 개구리 올챙이 적 생각 못하는군요!

**여러분도 이야기를 만들어 보세요.**

# 문법 1

### N에 대해(서)/대한

오늘은 한국 음식에 대해서 알아볼까요?
연구팀이 이상 기후에 대해 조사하고 있어요.
요즘 건강에 대한 관심이 차츰 높아지고 있어요.

| N에 대해(서) | |
|---|---|
| 받침 ○+에 대해(서) | 교육→교육에 대해(서) |
| 받침 ×+에 대해(서) | 휴가→휴가에 대해(서) |

| N에 대한 | |
|---|---|
| 받침 ○+에 대한 | 한국, 관심→한국에 대한 관심 |
| 받침 ×+에 대한 | 아기, 사랑→아기에 대한 사랑 |

### 1. 쓰세요.

| | 스트레스에 대해(서) | 스트레스에 대한 |
|---|---|---|
| 스트레스 | | |
| 옛날이야기 | | |
| 하회탈 | | |

### 2. <보기>와 같이 연습하세요.

| 보기 | 한국/살기 좋은 나라 |
|---|---|
| 가: 한국에 대해서 어떻게 생각하세요? | |
| 나: 살기 좋은 나라라고 생각해요. | |

가: _____?
나: _____.

① 스테파니/예쁘고 착한 친구
② 자원봉사/힘들지만 보람된 일
③ 전쟁/있어서는 안 될 일
④ 저 영화/재미있는 영화
⑤ ?

3. <보기>와 같이 연습하세요.

> **보기** 자연 보호, 광고를 찾아보다
> 가: 지금 뭐 하고 있어요?
> 나: 자연 보호에 대한 광고를 찾아보고 있어요.

가: _____?
나: _____.

① 제주도 여행, 자료를 검색하다
② 도시 계획, 보고서를 쓰다
③ 금연, UCC를 만들다
④ 사랑과 이별, 노래를 작곡하다
⑤ ?

# 문법 2

### V-다시피

여러분도 알다시피 다음 주에는 함께 여행을 갈 거예요.
요즘 시험 기간이라서 도서관에서 살다시피 해요.
수업에 늦어서 뛰다시피 했어요.

| 받침○+다시피 | 입다→입다시피 |
| 받침×+다시피 | 마시다→마시다시피 |

1. 쓰세요.

| 보다 | 보다시피 | 굶다 | |
| 느끼다 | | 사귀다 | |
| 짐작하다 | | 울다 | |

2. <보기>와 같이 연습하세요.

> **보기** 사람들은 김치를 한국의 대표 음식으로 알고 있다
> 가: 김치에 대해서 설명해 주세요.
> 나: 아시다시피 김치는 한국의 대표 음식입니다.

가: _____?
나: _____.

① 사람들에게 제주도는 한국의 유명한 관광지라고 들었다
② 사람들은 씨름을 한국의 전통 운동이라고 생각한다
③ 사람들은 이 가방을 가죽 제품이라고 느낀다
④ 사람들에게 이 영화는 코미디 영화라고 알려져 있다
⑤ ?

## 3. <보기>와 같이 연습하세요.

**보기** 요즘 기타를 배우다, 연습실에서 살다
가: 요즘 기타를 배워서 연습실에서 살다시피 했어요.
나: 그렇군요!

가: _____?
나: _____.

① 일이 많다, 밤을 새우다
② 속상하다, 매일 술을 마시다
③ 다이어트를 하다, 매일 굶다
④ 요즘 바쁘다, 항상 뛰어다니다
⑤ ?

# 문법 3

## A/V-(으)ㄴ/는 반면에, N인 반면에

제 동생은 노래를 잘하는 반면에 저는 노래를 잘 못해요.
한국은 산이 많은 반면에 제 고향은 산이 적은 편입니다.
오늘 제주도는 비가 오는 반면에 서울은 비가 오지 않는다고 합니다.

| V-는 반면에 | | V-(으)ㄴ 반면에 | |
|---|---|---|---|
| 받침 ○+는 반면에 | 걷다→걷는 반면에 | 받침 ○+은 반면에 | 닫다→닫은 반면에 |
| 받침 ✕+는 반면에 | 쓰다→쓰는 반면에 | 받침 ✕+ㄴ 반면에 | 뛰다→뛴 반면에 |

| A-(으)ㄴ 반면에 | |
|---|---|
| 받침 ○+은 반면에 | 젊다→젊은 반면에 |
| 받침 ✕+ㄴ 반면에 | 예쁘다→예쁜 반면에 |

| N인 반면에 | |
|---|---|
| 받침 ○+인 반면에 | 겨울→겨울인 반면에 |
| 받침 ✕+인 반면에 | 남자→남자인 반면에 |

### 1. 쓰세요.

| 젖다 | 젖는 반면에 | 젖은 반면에 |
|---|---|---|
| 계획하다 | | |
| 알다 | | |
| 필요하다 | | |
| 쉽다 | | |
| 문화 | | |
| 성격 | | |

## 2. <보기>와 같이 연습하세요.

> **보기** 한국은 더운데 뉴질랜드는 춥다
> 가: 한국 날씨는 뉴질랜드와 어떻게 달라요?
> 나: 한국은 더운 반면에 뉴질랜드는 추워요.

가: _____?
나: _____.

① 한국은 반찬이 무료인데 일본은 반찬이 유료이다
② 한국은 집에서 신발을 벗는데 미국은 안 벗어도 된다
③ 한국의 인사는 고개를 숙이는데 미국의 인사는 악수를 한다
④ 공포 영화는 잔인한데 코미디 영화는 웃긴다
⑤ ?

## 이야기해 보세요 1

리　　에: 전세계에 나가 있는 특파원을 연결해 보겠습니다. 스테파니 특파원?
스테파니: 네, 저는 호주에 나와 있습니다. 한국은 요즘 겨울이라서 추운 반면에 호주는 여름이라서 무더운 날씨가 이어지고 있습니다.

| 특파원 이름 | 나라 | 날씨 |
|---|---|---|
| 스테파니 | 호주 | 무더운 날씨가 이어지고 있다 |
| | | |
| | | |

# 문법 4

## A/V-(으)ㄴ/는 척하다, N인 척하다

사장님이 오셔서 바쁜 척했어요.
코를 골면서 자다가 깼는데 창피해서 계속 자는 척했어요.
예쁜 여자 앞에서 부자인 척했어요.

| V-는 척하다 | | V-(으)ㄴ 척하다 | |
|---|---|---|---|
| 받침 O+는 척하다 | 듣다→듣는 척하다 | 받침 O+은 척하다 | 읽다→읽은 척하다 |
| 받침 X+는 척하다 | 쓰다→쓰는 척하다 | 받침 X+ㄴ 척하다 | 보다→본 척하다 |

A-(으)ㄴ 척하다

| | |
|---|---|
| 받침 O+은 척하다 | 싫다→싫은 척하다 |
| 받침 X+ㄴ 척하다 | 슬프다→슬픈 척하다 |

N인 척하다

| | |
|---|---|
| 받침 O+인 척하다 | 어른→어른인 척하다 |
| 받침 X+인 척하다 | 여자→여자인 척하다 |

1. 쓰세요.

| 전호하다 | 전화하는 척하다 | 전화한 척하다 |
|---|---|---|
| 졸리다 | | |
| 만들다 | | |
| 친하다 | | |
| 귀엽다 | | |
| 약속 장소 | | |
| 남자 친구 | | |

## 2. <보기>와 같이 연습하세요.

| 보기 | 공부하기 싫다/아프다 |

가: 공부하기 싫을 때 어떻게 해요?
나: 아픈 척해요.

가: _____?
나: _____.

① 사람들이 많은 곳에서 넘어졌다/괜찮다
② 헤어진 여자 친구를 만났다/모르다
③ 엄마가 갑자기 들어오다/공부하다
④ 친구가 재미없는 영화를 보자고 하다/피곤하다
⑤ ?

# 문법 5

## A/V-(으)ㄹ 텐데, N일 텐데

리우팅 씨, 배가 고플 텐데 이 빵이라도 드세요.
지하철을 탔을 텐데 왜 안 오지?
공항에 도착하면 밤일 텐데 버스가 있을까요?

### A/V-(으)ㄹ 텐데

| | |
|---|---|
| 받침 ○+을 텐데 | 쌀다→쌀을 텐데 |
| 받침 ×+ㄹ 텐데 | 아프다→아플 텐데 |

### A/V-았/었을 텐데

| | |
|---|---|
| ㅏ, ㅗ ○+았을 텐데 | 막다→막았을 텐데 |
| ㅏ, ㅗ ×+었을 텐데 | 싫다→싫었을 텐데 |

### N일 텐데

| | |
|---|---|
| 받침 ○+일 텐데 | 시험→시험일 텐데 |
| 받침 ×+일 텐데 | 친구→친구일 텐데 |

### N이었/였을 텐데

| | |
|---|---|
| 받침 ○+이었을 텐데 | 일등→일등이었을 텐데 |
| 받침 ×+였을 텐데 | 회사→회사였을 텐데 |

## 1. 쓰세요.

| 입다 | 입을 텐데 | 입었을 텐데 |
|---|---|---|
| 도와주다 | | |
| 만들다 | | |
| 재미있다 | | |
| 기쁘다 | | |
| 수업 중 | | |
| 부자 | | |

## 2. <보기>와 같이 연습하세요.

보기  어린이날에 놀이공원에 가다/사람이 많다
가: 어린이날에 놀이공원에 가려고 해요.
나: 사람이 많을 텐데…….

가: _____?
나: _____.

① 주말에 등산을 하다/힘들다
② 3시간 후에 출발하다/그러면 지각하다
③ 입맛이 없어서 안 먹다/이따가 배고프다
④ 동창회에 안 가다/오랜만에 친구들을 만날 수 있다
⑤ ?

## 문법 6

**V-기**

5시까지 이메일 보내기
한 달에 한 권 이상 책 읽기
여자 친구에게 거짓말하지 않기

| 받침 ○+기 | 듣다→듣기 |
| --- | --- |
| 받침 ×+기 | 일어나다→일어나기 |

### 1. 쓰세요.

| 말하다 | 말하기 | 운동하다 | |
| --- | --- | --- | --- |
| 먹다 | | 걷다 | |
| 쓰다 | | 찾다 | |

### 2. <보기>와 같이 연습하세요.

> **보기** 건강의 비결/ 하루에 10잔 물을 마시다
> 가: 건강의 비결이 뭐예요?
> 나: 하루에 10잔 물 마시기예요.

가: _____?
나: _____.

① 방학 계획/부산까지 걸어서 가다
② 수업 내용/소개하다
③ 영화 주제/지구의 평화를 지키다
④ 올해 목표/몸무게 10Kg을 빼다
⑤ ?

## 이야기해 보세요 2

리우팅: 무슨 일이 있었어요?
스테파니: 저는 작년에 길을 가다가 넘어진 적이 있어요. 그때 너무 창피해서 안 아픈 척했어요. 그때 조금만 조심했으면 안 넘어졌을 텐데…….

| 이름 | 무슨 일이 있었어요? | 어떻게 했어요? |
|---|---|---|
| 스테파니 | 길에서 넘어졌다 | 안 아픈 척했다 |

## 본문

크리스: 리에야, 많이 바빠?

리 에: 아니, 괜찮아. 무슨 일인데?

크리스: 사실은 다음 주에 한국의 옛날이야기에 대해서 발표하기로 했거든. 그런데 어떤 책이 좋을지 모르겠어. 알다시피 나는 책을 별로 안 좋아하잖아.

리 에: 뭐라고? 다음 주가 발표인데 아직 모르면 안 되지. 책도 읽고 발표까지 준비하려면 시간이 많이 부족할 텐데…….

크리스: 그래서 짧고 재미있는 책으로 하려고.

리 에: 그래? 그럼 '우렁 각시'라는 책을 한번 읽어 봐.

크리스: 무슨 내용인데?

리 에: 한 남자가 약속을 어기는 바람에 부인에게 버림받고 뒤늦게 후회한다는 내용이야.

크리스: 약속의 중요성에 대한 이야기구나!

리 에: 맞아, 너한테 딱 맞는 이야기지.

크리스: 뭐야, 지금 내가 약속을 중요하게 생각하지 않는다는 거야?

리 에: 물론이지. 지난주에도 네가 1시간이나 늦는 바람에 기다리다가 감기에 걸렸잖아.

크리스: 그 일은 정말 미안해.

리 에: 하하하, 농담이야, 농담. 너는 공부는 잘하는 반면에 너무 순진해서 문제야. 유머 감각만 있으면 100점짜리 남자 친구가 될 수 있을 텐데…….

크리스: 뭐야, 거짓말한 거야?

리 에: 미안해. 화 내지 마.

크리스: 나도 화난 척한 거야. 내 연기 어때?

1. 위의 내용과 같으면 ○, 다르면 × 하십시오.

① 크리스 씨는 감기에 걸려서 늦은 적이 있다.　　　　(　　)
② 크리스 씨는 공부는 잘하지만 순진한 편이다.　　　　(　　)
③ 크리스 씨는 리에 씨 때문에 정말 화가 났다.　　　　(　　)

2. 크리스 씨는 무엇을 해야 합니까?

3. '우렁 각시'는 무엇에 대한 이야기입니까?

4. 여러분 나라에도 약속의 중요성에 대한 옛날이야기가 있습니까? 이야기해 보세요.

# 듣기

**1. 들은 내용과 같으면 ○, 다르면 × 하십시오.**

① 이도령은 마음이 착한 사람이다.　　　　　　　　　　(　　　)
② 이도령은 집에 돌아오자마자 음식을 만들었다.　　　(　　　)
③ 이도령은 우렁이를 살려주었다.　　　　　　　　　　(　　　)

**2. 이도령은 왜 결혼을 하지 못했습니까?**

**3. 이도령이 아가씨와 한 약속은 무엇입니까?**

**4. 이 이야기의 다음에 나올 내용은 무엇일지 이야기해 보세요.**

# 읽기

우렁 각시 이야기

등장인물: 이도령, 우렁 각시
장　　소: 집안

장면 1

이도령: 도대체 누가 매일 저녁 식사를 준비해 주는 걸까? 오늘은 누구인지 꼭 찾아내야지.(문 뒤에 숨으면서) 여기에 숨으면 모르겠지.

(잠시 후, 우렁 각시가 나타나서 맛있는 음식을 만들기 시작한다.)

이 도 령: (뛰어가서 우렁 각시 손을 잡으면서) 아가씨!
우렁각시: (깜짝 놀라면서) 어머나, 이도령님!
이 도 령: 지금까지 당신이 나에게 음식을 만들어 주었군요! 고마워요.
우렁각시: (부끄러워하면서) 뭘요. 그럼 안녕히 계세요.
이 도 령: 가지 마세요! 저랑 결혼해 주세요!.
우렁각시: (고민하다가) 조건이 있어요. 저에 대해서 아무 것도 묻지 마세요.
이 도 령: 알겠어요. 난 당신만 있으면 돼요.
우렁각시: 그리고 한 달에 한 번은 저 혼자 집에 있게 해 주세요.
이 도 령: 좋아요. 약속을 꼭 지키겠어요.

장면 2

이 도 령: (집안에 들어오면서) 도대체 집에서 혼자 뭘 하는 걸까?오늘은 일하러 가는 척하고 지켜봐야지. (이도령이 문 뒤로 숨는다)

(잠시 후, 우렁 각시가 나타나고 이도령은 숨어 있던 곳에서 뛰쳐나온다.)

우렁각시: (이도령을 보고 깜짝 놀라면서) 어머나! 여보, 왜 집에 돌아왔어요!
　　　　　(이때 우렁 각시는 넘어지는 척하면서 우렁이 가면을 쓴다.)
이 도 령: (우렁이를 보고 깜짝 놀라면서) 으악! 이게 뭐야! 우렁이잖아! 이럴 수가! 우렁이가 내 각시였구나!

우렁각시: (체념한 것처럼) 여보, 보다시피 저는 당신이 살려줬던 우렁이랍니다. 당신이 약속을 지켰으면 인간이 돼서 행복하게 살 수 있었을 텐데……. 이제는 그럴 수 없어요. 그 동안 즐겁고도 행복했어요.
이 도 령: (엉엉 울면서) 여보, 내가 잘못했어요. 용서해 줘요.

### 1. 위의 내용과 같으면 ○, 다르면 × 하십시오.

① 우렁 각시는 이도령을 위해서 요리를 했다.　　　　　(　　　)
② 이도령은 약속을 지키지 않았다.　　　　　　　　　　(　　　)
③ 우렁 각시는 이도령을 용서했다.　　　　　　　　　　(　　　)

### 2. 이도령과 우렁 각시는 무엇을 약속했습니까?

### 3. 우렁 각시는 왜 인간이 될 수 없었습니까?

### 4. 이도령과 우렁 각시가 되어 연극을 해 보세요.

# 쓰기

1. 여러분은 약속을 지키지 않아서 곤란했던 경험이 있어요?

| | |
|---|---|
| 무슨 약속 | |
| 지키지 못한 이유 | |
| 못 지켜서 생긴 일 | |
| 약속이 중요한 이유 | |

2. '약속의 중요성'이라는 제목으로 글을 써 보세요.

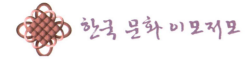

# 환전(1)

한국 화폐의 국가 코드는 KRW로 화폐단위는 "원(WON)"이며 "₩"으로 표시한다.

그 종류는 지폐와 동전으로 나누는데 지폐는 1000원, 5000원, 10000원, 50000원의 네 가지로 지폐에 인쇄된 역사적 인물과 색으로 쉽게 화폐 단위를 구분할 수 있다. 또한 현재 사용하고 있는 동전은 10원, 50원, 100원, 500원 4개로 10원이 가장 작은 단위의 주화이다. 현 환율 가치가 거의 없는 1원권과 5원권 주화는 2001년 2월부터 유통이 되지 않고 있다. 또한 2009년 6월 23일 한국은행이 발행한 5만원권 주화(약 40달러)는 지금까지 발행한 주화 중에 가장 큰 화폐 단위이다.

사설환전소> 온라인환전> 은행> 공항환전소 순으로 싼 가격과 수수료로 외환을 구입할 수 있다.

1) 환전소

정부가 허가한 개인 사설 환전소이다. 보통 환전 수수료가 없는 데다가 환율이 시중은행에 비해 유리하며 밤늦게까지 영업을 해 은행을 이용할 수 없는 시간에도 환전이 가능한 장점이 있다. 관광의 메카 명동, 동대문, 이태원 외국인 여행객들이 많이 몰려드는 여행 명소에 많은 환전소들이 자리잡고 있다.

2) 은행

bank 간판이 보이는 은행은 개인 환전소와 비교하여 보다 안전하게 환전을 할 수 있을 뿐만 아니라 환전이 가능한 은행도 쉽게 찾을 수 있다. 얼마 이상의 목돈을 환전할 경우 환율 우대를 받을 수 있어 환전에 유리하다. 그러나 업무시간이 4시까지며 주말과 공휴일은 문을 열지 않는다. 그래서 주말 쇼핑에 필요한 환전은 은행이 쉬는 주말 이틀 동안에 은행을 이용 할 수 없다.

memo*

# 16 멋진 통역사가 되기를 바랄게요.

- 학습목표: 상대방에게 도움이 되는 일을 권유하거나 안내할 수 있다.
- 기       능: 권유하기, 안내하기
- 문      법: A/V-(으)ㄹ 테니까, N일 테니까 / A/V-(으)ㄹ지라도, N일지라도 / V-도록 하다 / N(으)로써 / N에 따라(서) / V-기(를) 바라다

스테파니: 마리오 씨, 제가 국제 회의에서 통역을 하게 됐어요.
마 리 오: 축하해요. 회의장에 가면 긴장이 될 테니까 심호흡을 크게 하세요.
스테파니: 알겠어요. 걱정해 줘서 고마워요.
마 리 오: 멋진 통역사가 되기를 바랄게요.

# 어휘와 표현

### 명사

| | |
|---|---|
| 나리타 공항 | 공항철도 |
| 탑승 | 기장 |
| 승객 | 안전벨트 |
| 탑승구 | 활주로 |
| 스케이트장 | 기류 |
| 주제 | 지역 |
| 취향 | 관람객 |
| 물가 | 우기 |
| 포스터 | 장비 |
| 오디션 | 립스틱 |
| 목적 | 느낌 |
| 회의장 | 통역사 |
| 잠바 | 단맛 |
| 통장 | 번호표 |
| 강의실 | 상처 |
| 환경 | |

### 동사

| | |
|---|---|
| 경유하다 | 이륙하다 |
| 착용하다 | 고생하다 |
| 결정하다 | 당부하다 |
| 정리하다 | 확정되다 |
| 마중하다 | 전시되다 |
| 연구하다 | 양치질하다 |
| 윷놀이하다 | 안내하다 |
| 긴장하다 | 심호흡하다 |
| 인증하다 | 새치기하다 |
| 치유하다 | 해결하다 |
| 지시하다 | |

| 형용사 | | |
|---|---|---|
| | 아깝다 | 느긋하다 |
| | 정중하다 | 철저하다 |

| 표현 | | |
|---|---|---|
| | 가까이 | 당분간 |
| | 당연히 | 더욱 |
| | 정성껏 | 정확히 |
| | 전기 코드 | 전자 제품 |
| | 지시등 | 대박이 나다 |
| | 마음을 놓다 | 무단 횡단하다 |

**더 배워 봅시다.**

▶▶ 눈이 빠지게 기다리다: 오랫동안 기다렸다

예) 마리오: 늦어서 미안해요.
크리스: 왜 이렇게 늦었어요. 눈이 빠지게 기다렸잖아요.

▶▶ 세 살 버릇 여든까지 간다: 어렸을 때 습관이나 버릇은 나이가 들어도 고치기 어렵다

예) 스테파니: 리우팅, 방이 왜 이렇게 더러워?
리우팅: 아, 청소해야 되는데 안 하게 돼. 어릴 때부터 엄마가 방을 청소해 주셨거든.
스테파니: 세 살 버릇 여든까지 간다고 했어. 이제 너도 어른이니까 스스로 해야지.

**여러분도 이야기를 만들어 보세요.**

## 문법 1

### A/V-(으)ㄹ 테니까, N일 테니까

식탁 위에 김밥이 있을 테니까 드세요.
저는 집에서 잘 테니까 혼자 다녀오세요.
태국은 지금 우기일 테니까 우산을 가져 가세요.

| A/V-(으)ㄹ 테니까 | |
|---|---|
| 받침 ○+을 테니까 | 없다→없을 테니까 |
| 받침 ✕+ㄹ 테니까 | 보다다→볼 테니까 |

| A/V-았/었을 테니까 | |
|---|---|
| ㅏ, ㅗ ○+았을 테니까 | 작다→작았을 테니까 |
| ㅏ, ㅗ ✕+었을 테니까 | 배우다→배웠을 테니까 |

| N일 테니까 | |
|---|---|
| 받침 ○+일 테니까 | 생일→생일일 테니까 |
| 받침 ✕+일 테니까 | 구두쇠→구두쇠일 테니까 |

| N이었/였을 테니까 | |
|---|---|
| 받침 ○+이었을 테니까 | 애인→애인이었을 테니까 |
| 받침 ✕+였을 테니까 | 실수→실수였을 테니까 |

## 1. 쓰세요.

| 쓰다 | 쓸 테니까 | 썼을 테니까 |
|---|---|---|
| 가다 | | |
| 만들다 | | |
| 비싸다 | | |
| 어렵다 | | |
| 휴가 | | |
| 세일 기간 | | |

## 2. <보기>와 같이 연습하세요.

보기) 내일 커플 티셔츠를 입다/날씨가 쌀쌀하다, 커플 잠바를 입다
가: 내일 커플 티셔츠를 입을까요?
나: 날씨가 쌀쌀할 테니까 커플 잠바를 입읍시다.

가: _____?
나: _____.

① 수영하다/물이 차갑다, 준비운동부터 하다
② 텐트를 챙기다/무겁다, 캠핑장에서 빌리다
③ 주스를 몇 병 사다/친구들도 마시다, 많이 사다
④ 이 뮤지컬을 보다/슬픈 내용이다, 보지 말다
⑤ ?

## 3. <보기>와 같이 연습하세요.

보기) 청소하다/설거지하다
가: 제가 청소할까요?
나: 그래요, 제가 설거지할 테니까 리에 씨가 청소하세요.

가: _____?
나: _____.

① 영화표를 사다/밥을 사다
② 재료를 준비하다/요리하다
③ 책상을 정리하다/바닥을 닦다
④ 호텔을 예약하다/관광지를 알아보다
⑤ ?

## 문법 2

**A/V-(으)ㄹ지라도, N일지라도**

아무리 급할지라도 무단횡단을 하면 안 돼요.
다른 학교에서 아무리 좋은 조건을 제시할지라도 꼭 단국대학교로 오세요.
힘든 유학 생활일지라도 포기하지 맙시다.

| A/V-(으)ㄹ지라도 | | A/V-았/었을지라도 | |
|---|---|---|---|
| 받침 ○+을지라도 | 읽다→읽을지라도 | 받침 ○+았을지라도 | 가다→갔을지라도 |
| 받침 ✕+ㄹ지라도 | 아프다→아플지라도 | 받침 ✕+었을지라도 | 싸우다→싸웠을지라도 |

| N일지라도 | | N이었/였을지라도 | |
|---|---|---|---|
| 받침 ○+일지라도 | 책→책일지라도 | 받침○+이었을지라도 | 밤→밤이었을지라도 |
| 받침 ✕+일지라도 | 최고→최고일지라도 | 받침 ✕+였지라도 | 감기→감기였을지라도 |

1. 쓰세요.

| 만나다 | 만날지라도 | 만났을지라도 |
|---|---|---|
| 뽑다 | | |
| 타다 | | |
| 멋있다 | | |
| 사랑하다 | | |
| 명품 | | |
| 가수 | | |

## 2. <보기>와 같이 연습하세요.

**보기** 피곤하다, 그냥 자다/양치질하다
가: 리에 씨, 피곤한데 그냥 잡시다.
나: 안돼요. 아무리 피곤할지라도 양치질해야 돼요.

가: _____?
나: _____.

① 연주회가 지루하다, 그냥 나가다/끝까지 보다
② 신발이 많다, 사지 말다/신상품을 사다
③ 배고프다, 빨리 먹다/인증 사진을 찍다
④ 시간이 없다, 새치기를 하다/차례를 기다리다
⑤ ?

## 문법 3

**V-도록 하다**

애니 씨, 요리를 만들도록 하세요.
스트레스는 받지 말고 좋은 생각만 하도록 하세요.
강의실에서 영화를 찍을 수 있도록 허락해 주셨어요.

| 받침 ○+도록 하다 | 신다→신도록 하다 |
| 받침 ×+도록 하다 | 마시다→마시도록 하다 |

### 1. 쓰세요.

| 다녀오다 | 다녀오도록 하다 | 주문하다 | |
| 잠깐 쉬다 | | 일찍 오다 | |
| 책을 읽다 | | 편한 옷을 입다 | |

### 2. <보기>와 같이 연습하세요.

> 보기  부모님이 보고 싶다/고향에 다녀오다
> 가: 요즘 부모님이 너무 보고 싶어요.
> 나: 그럼 고향에 다녀오도록 하세요.

가: _____?
나: _____.

① 밤에 잠이 안 오다/가벼운 운동을 하다
② 싼 비행기 표를 사고 싶다/인터넷을 검색해 보다
③ 교실 공기가 안 좋다/창문을 열다
④ 만나는 시간을 잊어버렸다/2시까지 오다
⑤ ?

## 3. <보기>와 같이 연습하세요.

> 보기 스테파니: "모두 앉으세요."
> 가: 스테파니 씨가 어떻게 했어요?
> 나: 사람들을 앉도록 했어요.

가: _____?
나: _____.

① 리우팅: "모두 조용히 하세요."
② 리에: "3시까지 모이세요."
③ 크리스: "마리오 씨, 노래해 주세요."
④ 애니: "토린 씨, 콜라 좀 사 오세요."
⑤ ?

## 이야기해 보세요 1

스테파니: 다음 주에 일본으로 여행을 가기로 했어요.
리　　에: 그래요? 음, 날씨가 추울 테니까 따뜻한 옷을 준비하도록 하세요.
스테파니: 알겠어요. 그리고 또 뭘 준비해야 해요?
리　　에: 길을 찾기 어려울 테니까 여행책을 가져가도록 하세요.
스테파니: 그렇군요. 고마워요.

| 이름 | 여행지 | 친구의 조언 |
|---|---|---|
| 리에 | 일본 | 따뜻한 옷, 여행책 |
|  |  |  |
|  |  |  |

## 문법 4

**N(으)로써**

그림으로써 마음의 상처를 치유할 수 있어요.
대화로써 친구와의 문제를 해결했어요.
요리할 때 꿀이나 설탕으로써 단맛을 낼 수 있어요.

| 받침 ○ + 으로써 | 경험 → 경험으로써 |
| 받침 × + 로써 | 포크 → 포크로써 |

### 1. 쓰세요.

| 돈 | 돈으로써 | 운동 | |
| 재료 | | 선물 | |
| 음식 | | 커피 | |

### 2. &lt;보기&gt;와 같이 연습하세요.

**보기** 독서를 하다/지식을 쌓다
가: 독서를 하면 뭐가 좋아요?
나: 독서로써 지식을 쌓을 수 있어요.

가: _____?
나: _____.

① 음악을 듣다/스트레스를 풀다
② 여행을 하다/행복을 느끼다
③ 일기를 쓰다/하루를 되돌아보다
④ 사랑하다/모든 것을 이해하다
⑤ ?

## 문법 5

### N에 따라(서)

만나는 사람에 따라서 인사하는 방법이 달라요.
그날 기분에 따라서 립스틱 색깔을 바꿔 발라요.
어디에 있든지 규칙에 따라 행동해야 합니다.

| 받침○+에 따라(서) | 환경→환경에 따라(서) |
| 받침×+에 따라(서) | 지시→지시에 따라(서) |

**1. 쓰세요.**

| 조건 | 조건에 따라 ( 서 ) | 상황 | |
|---|---|---|---|
| 지역 | | 안내 | |
| 목적 | | 점수 | |

**2. <보기>와 같이 연습하세요.**

> 보기  매일 달 사진을 찍다/모양, 느낌이 다르다
> 가: 왜 매일 달 사진을 찍어요?
> 나: 모양에 따라서 느낌이 다르거든요.

가: _____?
나: _____.

① 이 커피숍에만 가다/커피숍, 분위기가 다르다
② 김치 맛이 다르다/재료, 만드는 방법이 바뀌다
③ 이 사과가 더 비싸다/크기, 가격이 결정되다
④ 냉면을 안 팔다/계절, 파는 음식이 달라지다
⑤ ?

## 문법 6

### V-기(를) 바라다

앞으로 꼭 성공하시기 바랍니다.
고향에 가서도 행복하기를 바라요.
여러분, 모두 자리에 앉으시기 바랍니다.

| 받침○+기(를) 바라다 | 입다→입기(를) 바라다 |
| 받침×+기(를) 바라다 | 확인하다→확인하기(를) 바라다 |

**1. 쓰세요.**

| 오다 | 오기(를) 바라다 | 휴대폰을 끄다 | |
| 찾다 | | 축하해 주다 | |
| 참석하다 | | | |

**2. <보기>와 같이 연습하세요.**

> **보기** 어디로 가면 되다/이쪽으로 이동하시다
> 가: 어디로 가면 됩니까?
> 나: 이쪽으로 이동하시기 바랍니다.

가: _____?
나: _____.

① 화장실에 가도 되다/이륙하니까 앉으시다
② 사진을 찍어도 되다/찍지 마시다
③ 몇 번 탑승구이다/2번 탑승구로 가시다
④ 제 자리가 어디이다/영화표를 보여 주시다
⑤ ?

## 3. <보기>와 같이 연습하세요.

> **보기** 항상 건강하다
> 가: 항상 건강하기 바랍니다.
> 나: 감사합니다.

가: _____?
나: _____.

① 대박이 나다
② 꿈을 이루다
③ 오디션에 합격하다
④ 행복한 일만 가득하다
⑤ ?

## 이야기해 보세요 2

<은행에서>
직    원: 어서 오세요.
스테파니: 통장을 만들러 왔어요.
직    원: 번호표를 뽑고 기다리시기 바랍니다.

| 장소 | 이름 | 할 일 |
|---|---|---|
| 은행 | 스테파니 | 1. 번호표를 뽑고 기다린다<br>2.<br>3. |
| 출입국관리사무소 | | |
| 대사관 | | |
| 사무실 | | |
| 병원 | | |
| 영화관 | | |

# 본문

크리스: 바쁠 텐데 공항까지 배웅해 줘서 정말 고마워요.
리 에: 뭘요. 우린 친구잖아요. 한국에는 언제쯤 돌아올 예정이에요? 그때도 제가 마중나올게요.
크리스: 진짜요? 정말 고마워요. 날짜가 확정되면 정확히 알려 줄게요. 여행을 가 있는 동안 보리를 잘 부탁해요.
리 에: 보리는 제가 정성껏 돌봐 줄 테니까 걱정하지 마세요.
크리스: 사실은 보리가 사람에 따라서 하는 행동이 다르거든요. 처음 보는 사람 옆에는 가지도 않을 정도예요.
리 에: 괜찮아요. 지난번에 제가 크리스 씨 집에 놀러 갔을 때 생각 안 나요?
크리스: 아, 맞다! 리에 씨가 보리를 본 적이 있구나! 깜빡 잊고 있었어요.
리 에: 네, 그때 보리가 제 무릎 위에 앉아 있다가 잠들었잖아요. 보리랑 저는 꽤 친한 사이예요. 그러니까 마음 푹 놓고 잘 다녀오도록 해요.
크리스: 리에 씨 얘기를 들으니까 마음이 든든하네요! 아! 참, 여행지에서도 휴대폰을 켜 놓을 테니까 언제든지 연락하도록 하세요.
리 에: 네, 아무리 바쁠지라도 크리스 씨 연락은 꼭 받을게요.
크리스: 이제 가 봐야겠어요. 비행기 시간이 거의 다 됐거든요.
리 에: 이번 여행으로써 많은 경험을 쌓고 오기 바랄게요.
크리스: 고마워요. 그럼 리에 씨도 잘 지내세요.

**1. 위의 내용과 같으면 ○, 다르면 × 하십시오.**

① 크리스 씨는 고향에 다녀오려고 한다.  (      )
② 보리는 처음 보는 사람을 좋아한다.  (      )
③ 리에 씨는 크리스 씨의 집에 간 적이 없다.  (      )

**2. 두 사람은 지금 어디입니까?**

**3. 크리스 씨는 리에 씨에게 무엇을 부탁했습니까?**

**4. 여러분은 여행을 다녀올 때 친구에게 무엇을 부탁합니까? 이야기해 보세요.**

# 듣기

1. 들은 내용과 같으면 ○, 다르면 × 하십시오.

① 이 비행기를 타려면 5번 탑승구로 가야 한다.                (        )
② 이 비행기는 나리타 공항을 경유해서 뉴욕으로 간다.         (        )
③ 인천에서 뉴욕까지의 비행 시간은 2시간 10분정도이다.       (        )

2. 이 안내 방송은 어디에서 들을 수 있습니까?

3. 이륙하는 비행기에서 주의할 것은 무엇입니까?

4. 여러분은 공항이나 비행기 안에서 어떤 방송을 들은 적이 있습니까? 이야기해 보세요.

# 읽기

여러분은 어디에서 데이트를 하십니까?

아무리 멋진 계획이 있을지라도 너무 덥거나 춥다면 즐거운 데이트는 어렵겠지요? 그렇지만 나쁜 날씨에도 아무 문제가 없는 특별한 데이트 장소가 있습니다.

그곳은 바로 인천공항입니다.

며칠 전에 가 보니까 할 수 있는 일이 정말 많았습니다. 여러분도 즐거운 데이트하시라고 소개해드립니다. 공항에서 무슨 데이트를 하는지 궁금하시지요?

먼저, 인천공항까지 가장 빠르고 편하게 갈 수 있는 방법은 바로 공항철도입니다. 서울역에서 인천공항역까지 1시간 정도 걸리는데 4,000원이면 이용할 수 있습니다. 주말 오후에는 차가 막히니까 조금 불편할지라도 바다를 볼 수 있는 공항철도를 이용하도록 하세요.

인천공항역에 내리면 영화관이 보일 겁니다. 그곳에는 유명 배우들의 사진과 국내 영화 포스터가 전시되어 있고 관람객도 적어서 언제든지 영화를 볼 수 있습니다. 영화관 옆에는 스케이트장이 있는데 스케이트 장비가 없어도 빌려서 탈 수 있어서 아주 편리합니다.

배가 고플 때에는 공항에 있는 지하 식당에 가 보세요. 공항 위층에 있는 식당에 비해 가격이 저렴하면서도 맛있는 음식을 먹을 수 있습니다.

공항의 1층에서는 매달 새로운 주제의 문화 공연이 하루에 3번씩 열립니다. 공연 시간은 홈페이지에서 확인하시기 바랍니다.

이렇게 다양한 경험을 할 수 있는 인천공항에서 즐거운 주말 보내시기 바랍니다.

**1. 위의 내용과 같으면 ○, 다르면 × 하십시오.**

① 영화관에서 유명 배우들의 사진을 볼 수 있다.　　　　　(　　　)
② 여기에 있는 스케이트장에서는 넘어져도 옷이 젖지 않는다. (　　　)
③ 공항 위층에 있는 식당은 지하 식당보다 저렴하고 맛있다.　(　　　)

**2. 인천공항까지 어떻게 갑니까?**

**3. 인천공항에서 데이트할 만한 곳은 어디입니까?**

**4. 여러분이 알고 있는 특별한 데이트 장소는 어디입니까? 이야기해 보세요.**

# 쓰기

1. 여러분이 가고 싶은 특별한 데이트 장소는 어떤 곳이에요?

| 장소 | |
|---|---|
| 그 곳의 위치 | |
| 그 곳이 특별한 이유 | |
| 그 곳에서 해 봤거나 하고 싶은 일 | |

2. '특별한 데이트 장소'라는 제목으로 글을 써 보세요.

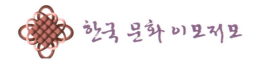

# 환전(2)

3) 공항

비행기에서 갓 내린 여행객들이 중국어나 영어로 "외환 환전"이라고 쓰여진 공항 환전소에서 환전을 하는 것이 가장 빠른 환전 방법이다. 공항 내 여러 곳에서 볼 수 있는 환전소에는 환율을 명시한 전광판이 한 눈에 보이며 비행기가 연착 되는 등 다양한 돌발 상황을 고려해 24시간 환전 업무를 하는 환전소도 있다. 그러나 1년 연중무휴 24시간 환전소는 시중 은행보다 환전수수료가 훨씬 비싸서 환전된 금액이 다소 적을 것이다. 다소 공항환전의 비싼 수수료를 걱정하지만 목돈을 소지하기가 불안하다면 우선 모바일 환전을 신청한 뒤 공항 환전소에서 환전금액을 수령 받는 방법도 있다. 그러나 한국 여행을 마치고 집으로 돌아가는 공항에서 남은 한국 돈을 위안화로 바꾸기에 편리하다.

4) 쇼핑 센터

동대문 두타와 같은 대형 쇼핑몰에 환전소가 있는데 새벽 2시까지 영업하고 있어서 저녁 늦게 쇼핑을 하는 관광객들에겐 이용이 편리한 곳이다. 편리성과 많은 고객에 반해 주말엔 그 환율이 이상적이지 못하다.

★환전을 원할 경우 반드시 여권을 지참해 가도록 한다.

memo*

# 듣기 지문

**09**

스테파니: 안녕하세요? "지금은 라디오를 들어요." 디제이 스테파니입니다. 벌써 무더운 여름, 8월의 첫날이 되었습니다. 장마 때문에 후덥지근하고 짜증나는 날씨에 여러분은 지금 뭐하고 계세요? 집에서 에어컨만 틀고 가만히 누워계신 건 아니지요? 그러다 보면 기분만 우울해지고 말 거예요. 그러지 말고 지난여름을 생각해 보세요. 매일 자기만 한 것은 아니겠지요? 즐거운 추억이 분명히 있을 거예요. 자, 그 추억을 위해서 "지금은 라디오를 들어요."가 여름 이벤트를 준비했습니다.

여러분이 다녀온 지난여름의 여행 경험을 홈페이지에 올려 주세요. 사연 중에서 재미있는 이야기를 뽑아 가지고 스테파니가 방송에서 소개해 드릴게요. 뽑힌 이야기의 주인공에게 드릴 선물도 많이 준비되어 있어요. 선물은요. 1등에게는 제주도 호텔 이용권을, 2등에게는 렌터카 이용권을 드립니다. 이 밖에도 다양한 선물이 준비되어 있으니까 많은 참여 부탁 드려요. 이 벤트 기간은 8월 1일부터 31일까지예요. 귀찮다고 생각하지 마시고 한번 도전해 보세요. 선물을 받을 수 있는 기회는 이때뿐이라는 것, 잊지 마세요.

자, 이제 신나는 노래 한 곡 들어 볼까요? 여름이 부릅니다. '바다로 가요'

**10**

스테파니: 무슨 일 있어요? 왜 그렇게 표정이 안 좋아요.
리 우 팅: 아, 큰일 났어요. 휴대폰이 없어져 버렸어요.
스테파니: 네? 휴대폰이 왜 없어졌어요?
리 우 팅: 수업에 늦을 것 같아서 택시를 탔는데 택시비를 내는 사이에 바닥에 떨어뜨린 것 같아요.
스테파니: 어서 제 휴대폰으로 전화해 보세요. 전원이 꺼져 있지 않는 한 찾을 수 있을 거예요.
리 우 팅: 고마워요.

따르릉~~

택시기사: 여보세요?
리 우 팅: 여보세요? 저, 죄송하지만 그 휴대폰 주인인데요.
택시기사: 아까 단국대학교에서 내린 학생이지요?
리 우 팅: 네, 맞아요.
택시기사: 휴대폰은 소포로 보내 줄게요. 주소를 알려 주세요.
리 우 팅: 어쩌지요? 중요한 전화를 기다리고 있어서 오늘 받지 않으면 안 돼요. 혹시 지금 어디신지 알려주시겠어요? 거리가 멀어도 꼭 찾으러 가겠습니다.
택시기사: 지금은 손님을 태우고 있어서 다른 데로 이동해야 돼요. 이 손님을 내려 드리고 나면 그쪽으로 갈게요.
리 우 팅: 알겠습니다. 그럼 이 번호로 전화해 주세요.

## 11

가 이 드: 민속촌에 오신 여러분 환영합니다. 저는 오늘 하루 동안 여러분의 가이드를 맡게 된 이영희라고 합니다.
모    두: 짝짝짝.(박수 소리)
가 이 드: 자, 여러분, 이제 저를 따라 오세요. (잠시 후)
지금 왼쪽으로 보이는 곳은 빨래터입니다. 빨래터는 냇가에서 여인들이 빨래를 하던 곳입니다. 옛날에는 세탁기가 없어서 모두 손으로 빨래를 했지요. 겨울에는 얼음이 꽁꽁 얼 정도로 추웠다고 합니다. 자, 이제 오른쪽을 보세요. 저기는 기와집이라고 합니다. 양반들이 살았던 곳이지요.
관 광 객: 기와집 안으로 들어가 봐도 되나요?
가 이 드: 그럼요, 되고말고요. 다 함께 안으로 들어가 볼까요? (잠시 후)
여기는 사랑방이라고 합니다. 사랑방은 남자들이 지내던 곳인데 손님이 오면 이곳에서 만나기도 했다고 합니다. 사랑방은 대문 바로 옆에 있어서 집을 지키는 역할도 할 수 있었습니다. 마당 안쪽으로 가면 부엌도 있고 여자들과 아이들이 지내던 안방도 있습니다. (잠시 후)
자, 모두 보셨나요? 그럼 이제 다른 곳으로 이동하겠습니다. 우리가 마지막으로 갈 곳은 장터라는 곳입니다. 장터는 옛날 사람들이 물건을 사고팔았던 곳인데요. 지금은 맛있고 다양한 음식을 먹을 수 있습니다. 장터의 음식들은 모두 한국 전통 음식들인데 먹을 만하니까 꼭 드셔 보세요. 장터에 도착하면 각자 돌아다니다가 2시에 장터 입구에서 모이겠습니다. 감사합니다.

**12**

리우팅: 여보세요? 스테파니 씨!
스테파니: 네, 리우팅 씨, 캠핑장에 잘 도착했어요?
리우팅: 네, 지금 캠핑장이에요. 저녁을 먹어야 하는데 김치밖에 없어서 김치찌개를 하려고요. 그런데 어떻게 만드는지 잘 모르겠어요. 스테파니 씨, 김치찌개를 만들려면 어떻게 해야 돼요?
스테파니: 아, 저도 김치찌개는 만들 줄 모르는데……. 잠깐만요. 제가 인터넷으로 요리법을 찾아볼게요.
리우팅: 고마워요. 그런데 인터넷 요리법대로 만들면 맛이 있을까요?
스테파니: 그럼요. 인터넷에 나온 대로 만들면 분명히 맛있을 거예요. 아, 여기 있다. 읽어 볼게요. 먼저 김치를 먹기 좋게 썰래요. 그리고 냄비에다가 참기름하고 김치를 넣고 볶으래요. 익은 김치에다가 물을 넣으래요. 그리고 보글보글 끓으면 두부하고 참치를 넣으래요. 마지막으로 맛을 보고 싱거우면 소금을 약간 넣으면 된대요.
리우팅: 여기는 캠핑장이라서 그런 게 없어요. 아이고! 김치만 있으면 되는 줄 알았더니…….
스테파니: 그러게요, 생각보다 여러 가지 재료가 필요하네요!
리우팅: 그냥 라면이나 먹어야겠어요. 스테파니 씨, 열심히 설명해 줬는데 미안해요.

**13**

장민석: 여러분, 안녕하십니까? <건강 지키기>의 사회자 장민석입니다. 우리 <건강 지키기>는 다이어트를 하는 분들에게 희망을 주는 프로그램입니다. 여러 명의 지원자들 중에서 3개월 동안 가장 많이 살을 뺀 사람에게 상금 천만 원을 드립니다. 그럼 먼저 지난 방송에서 1등을 하신 주부 김정희 씨와 이야기해 보겠습니다.
김정희: 안녕하세요. 김정희입니다.
장민석: 어서 오세요. 김정희 주부께서는 왜 이 프로그램에 참가하셨습니까?
김정희: 저도 젊었을 때는 날씬한 편이었어요. 그렇지만 아이를 낳은 후에

직장을 그만두고 집에만 있는 탓에 점점 살이 찌기 시작했어요.
장민석: 원래 집에만 있으면 살이 찌기 마련이지요.
김정희: 맞아요. 의사 선생님께서도 저에게 살이 쪄서 무릎까지 안 좋아졌다고 했어요.
장민석: 그러셨군요! 그럼 그 이야기를 듣고 나서 운동을 시작하셨나요?
김정희: 아니요, 그때 잠깐이나마 충격을 받기는 했어요.
그렇지만 충격을 받았는데도 불구하고 귀찮아서 운동을 안 했지요.
장민석: 그럼 정말 살을 빼야겠다고 결심한 순간은 언제인가요?
김정희: 어느 날 아들과 길을 걷다가 선생님을 만났는데 아들이 부끄러워했어요. 엄마가 너무 뚱뚱해서 선생님께 보여 드리기 싫었던 거예요. 그때 정말 살을 빼야겠다고 생각했어요.
장민석: 그때는 충격을 받으셨겠네요! 하지만 지금은 이렇게 건강해지셨잖아요.
김정희: 네, 사실 제가 살을 빼는 동안 가장 많이 도와준 사람이 바로 제 아들이에요. 아들은 제가 힘들어할 때마다 힘내라고 이야기해 줬지요.
장민석: 그렇군요! 자, 그럼 지금부터 새로운 도전자들을 소개하겠습니다.

## 14

애니: 여보세요?
크리스: 응, 애니야.
애니: 아, 크리스구나. 여행은 어때? 재미있어?
크리스: 애니 네 덕분에 재미있게 잘 지내고 있어. 음, 보리는 잘 지내고 있어?
애니: 응, 보리가 아침에는 한참이 지나도록 우울해하더라고.
크리스: 내가 없어서 우울해하나 봐. 지금도 그래?
애니: 아니, 맛있는 밥을 먹게 해 주고 계속 안아 줬더니 기분이 좀 좋아진 것 같아.
크리스: 다행이다. 애니야, 주말인데 보리를 부탁해서 미안해.
애니: 괜찮아. 내가 원래 강아지를 좋아하잖아. 오늘 보리하고 같이 있었더니 내 기분도 좋아졌어. 집에만 있으면 답답해 할 것 같아서 점심을 먹고 나면 산책도 시킬 생각이야.
크리스: 산책을 다녀오면 씻겨 주는 게 좋을 거야. 발이 더러워지거든.
애니: 아이고. 알고 있어. 걱정 말고 재미있게 놀다 와. 내가 잘 돌볼게.

크 리 스: 응, 씻기고 나면 감기 걸릴지도 모르니까 옷도 좀 입혀줘. 응?
애　　　니: 알았어. 내가 강아지 엄마가 된 것 같아서 어깨가 무겁네.
크 리 스: 히히, 이것저것 시켜서 미안해. 여행하다가 예쁜 선물이 있으면 꼭 사 갈게.
애　　　니: 그래, 잊지 말고 꼭 사 와. 그럼 재미있게 놀다 와.

**15**

여　　　자: 오늘은 옛날이야기 '우렁각시'에 대해서 발표하겠습니다. 옛날 옛날에 마흔이 넘도록 결혼을 못한 노총각 이도령이 살았습니다. 이도령은 마음이 착한 반면에 여자들에게 인기가 없었습니다. 어느 날 이도령이 일을 하러 갔다가 우렁이를 밟을 뻔했습니다. 마음이 착한 이도령은 우렁이를 데리고 집으로 왔습니다. 그런데 그 다음부터 신기하고도 놀라운 일이 생겼습니다. 이도령이 일을 마치고 집으로 돌아오면 맛있는 음식이 준비되어 있었던 것입니다. 이도령은 누가 준비했는지 너무 궁금해서 일을 하러 가는 척 하다가 다시 집으로 돌아와서 숨었습니다. 잠시 후에 예쁜 아가씨가 부엌으로 들어와서 음식을 준비하기 시작했습니다. 이도령은 숨어있던 곳에서 뛰쳐나와 애원하다시피 결혼해 달라고 했습니다. 아가씨는 결국 결혼을 허락하고 결혼 조건으로 한 달에 한 번씩 혼자 집에 있게 해 달라고 했습니다. 이도령은 약속을 지키겠다고 했고 그 뒤로 두 사람은 행복하게 지냈습니다. 그런데 시간이 지날수록 이도령은 아내가 집에서 혼자 무엇을 하는지 궁금해졌습니다. 그래서 이도령은…….

**16**

스테파니: 마리오 씨, 우리 몇 번 탑승구로 가야 하는지 알아요?
마 리 오: 잠깐만 기다려 보세요. 표가 어디에 있지?
스테파니: 이상하다. 비행기 시간이 되면 방송을 해 주는데……. 아, 지금 방송이 나오네요!

뉴욕으로 가는 DK 1947 탑승이 시작되었습니다. 4시 30분 뉴욕으로 가는 비행기를 타실 승객께서는 5번 탑승구로 오시기 바랍니다. 다시 한 번 말씀드리겠습니다. 5번 탑승 구에서 4시 30분 뉴욕으로 가는 DK 1947의 탑승이 시작되었습니다.

이제 곧 이륙합니다. 승객 여러분께서는 안전벨트를 착용해 주시고 자리에서 일어나지 않도록 하십시오. 지금부터 약 10분 정도 전자 제품은 사용할 수 없습니다. 표시등을 확인하시기 바랍니다. 만약 표시등이 꺼질지라도 안전을 위해 안전벨트는 계속 착용해 주시기 바랍니다. DK항공은 친절하고 안전한 서비스로써 승객 여러분의 사랑에 보답하도록 하겠습니다. 감사합니다.

여러분, 저는 이 비행기의 기장 토린입니다. 이 비행기는 인천에서 출발, 일본 나리타 공항을 경유하여 뉴욕으로 가는 비행기입니다. 나리타 공항까지의 비행 시간은 약 2시간 10분 입니다. 기류에 따라서 비행기가 흔들릴 수 있으니 주의하시기 바랍니다.

# 번역문

## 09

### 어휘와 표현 词汇和表达：

**명사 名词**

| 가이드 | 向导 | 경치 | 风景 |
| 관람 | 观看 | 내비게이션 | 汽车导航仪 导航器 |
| 돗자리 | 凉席 | 렌터카 | 租车 |
| 준비물 | 备用品 | 텐트 | 帐篷 |
| 튜브 | 内胎 | 한여름 | 盛夏 |
| 바닷가 | 海滨 | 수족관 | 水族馆 |
| 모기 | 蚊子 | 모기약 | 驱蚊药 |
| 비용 | 费用 | 수영복 | 游泳衣 |
| 입장료 | 入场费，门票 | 당일치기 | 当天完成，当天结束 |
| 조식 | 早餐 | 중식 | 午餐，中餐 |
| 석식 | 晚餐 | 동쪽 | 东方 |
| 서쪽 | 西方 | 남쪽 | 南方 |
| 북쪽 | 北方 | 이벤트 | 活动 |
| 자판기 | 自动售货机 | 금액 | 金额 |
| 디제이 | DJ | 라디오 | 收音机 |
| 사연 | 事由，缘由 | 추억 | 回忆 |
| 여인 | 女人 | 홈페이지 | 网站主页 |
| 가사 | 歌词 | 도둑 | 小偷 |
| 첫사랑 | 初恋 | 태종대 | 太宗台 |
| 땅 | 大地，陆地 | 장난감 | 玩具 |
| 화선지 | 宣纸 | 콘택트렌즈 | 隐形眼镜 |
| 제비 | 燕子 | | |

**동사 动词**

| 관광하다 | 观光 | 캠핑하다 | 露营 |
| 뜨다 | 浮，漂，起飞 | 이동하다 | 移动 |
| 연기하다 | 延期 | 틀다 | 拧 |

| 제공하다 | 提供 | 꺾다 | 折 |
|---|---|---|---|
| 연락하다 | 联系 | 스트레칭하다 | 伸展运动 |
| 위로하다 | 安慰 | | |

**형용사 形容词**

| 무덥다 | 炎热 | 후덥지근하다 | 闷热 |
|---|---|---|---|
| 어지럽다 | 头晕 | 푸르다 | 青，蓝 |
| 활기차다 | 朝气蓬勃 | 당황하다 | 堂皇，惊慌 |

**표현 表达**

| 가만히 | 静静地 | 각자 | 各自 |
|---|---|---|---|
| 마침 | 正好 | 온통 | 全部，都 |
| 우선 | 首先，优先 | 잔뜩 | 满 |
| 차라리 | 倒不如，干脆 | 틀림없다 | 肯定，一定 |
| 다들 | 大家 | 스토커 | 跟踪狂 |
| 전기요금 | 电费 | 이용관 | 使用权 |
| 놀이 기구 | 游乐设备 | 회전목마 | 旋转木马 |
| 청량 고추 | 青阳辣椒 | 랩하다 | 说唱 |
| 조깅하다 | 慢跑 | 군대에 가다 | 参军 |
| 운이 좋다 | 运气好 | 짜증이 나다 | 心烦，闹心，烦躁 |
| N곡 | 曲 | | |

### 더 배워봅시다 扩充知识：

바람을 피우다: 사랑하는 사람이 아닌 다른 사람을 몰래 사귀다
劈腿，外遇： 偷偷地和不是自己爱的人交往。
믿는 도끼에 발등 찍힌다:믿었던 사람에게 배신을 당하다
背信弃义：被相信的人背叛。

### 문법 语法：

1. A-고(도)
   형용사 뒤에 쓰여 그 형용사를 반복하여 상태나 성질을 강조할 때 쓰인다.
   接在形容词后，再次使用相同的形容词，表示强调状态或性质。
   译文:"很A"。

2. A / N (이)라도
   만족스럽지 않으나 아쉬운 대로 그것을 선택함을 표현한다.
   表示虽然不是非常满意，但还可以。
   译文:"即使……, 退而求其次""将就……""就……"。

3. A / V -기만 하다

　　동사 뒤에 쓰여 앞의 행동만 할 뿐, 다른 행동을 하지 않음을 나타낸다..

　　接在动词后，表示只做前面的某行为而不能做其他的行为。

　　형용사 뒤에 쓰여 어떤 성질 혹은 형태를 가지고 있음을 나타낸다.

　　接在形容词后，表示具有某种性质或存在某种状态。

　　译文："只……""就是（A）……"。

4. A / V -다 보면

　　선행절의 행동을 계속하면 나중에 후행절의 결과가 생김을 나타낼 때 쓰는 표현이다.

　　推测前面的动作如果不停地做会出现后句的结果。

　　译文："……的话，……""V着V着就……"。

5. A / V -(으)ㄹ지도 모르다, N일지도 모르다

　　어떤 일이 생길 가능성은 적지만 그 일이 일어날 수도 있음을 추측할 때 쓰는 말이다.

　　表示尽管发生某事的可能性很小，但推测认为还是有可能发生。

　　译文："可能……""说不准会……"。

6. A / V -(으)ㄹ까 봐(서), N일까 봐(서)

　　선행절의 상황이나 일이 혹시 일어났거나 일어날 수도 있다는 걱정 때문에 후행절 행동을 했거나 하고 있다는 것을 표현한다.

　　表示担心发生某事，所以做了后句的动作或正在做此动作。

　　译文："担心、怕……"。

## 듣기 听力：

史蒂芬妮：

　　大家好！我是"现在听广播"的DJ史蒂芬妮。已经到了酷夏8月的第一天。在闷热又烦躁的雨季里大家现在做什么呢？不会只是在家开着空调安静地躺着吧？这样的话最终只会心情变得忧郁。不要这样，想想去年夏天吧。不是每天都只是在睡觉的吧？肯定有过愉快的回忆。来，为了那美好的回忆，"现在听广播"准备了夏日活动。

　　请大家把去年夏天的旅行经历发送到主页上。史蒂芬妮会从故事中挑选有趣的，然后在广播中介绍。我们也给被选中的故事主人公准备了很多礼物。礼物是？我们给第一名准备了济洲岛酒店消费券，给第二名准备了租车消费券。除此之外还准备了多种多样的礼物，请大家多多参与。活动时间是8月1日起到31日为止。不要觉得麻烦，请来挑战一下吧。请不要忘记，只有现在才是获得礼物的机会。

　　来，现在让我们听一曲欢快的音乐吧？让我们呼喊夏天，"奔向大海"！

## 본문 课文：

史蒂芬妮：安妮，听说可以在雪岳山露营，是真的吗？

安　　妮：对，没错。只要在一个月前预约，就可以以低廉的价格露营。

史蒂芬妮：是吗？那么我们去雪岳山吧？大家都有时间吗？

安　　妮：我觉得放假后，大概8月中旬左右会好点儿。

史蒂芬妮：我也觉得不错。我8月底也许会很忙。
利　　尔：我也觉得那个时候不错。那么我去预约。
安　　妮：来，现在定一下各自要带的备用品吧？谁有帐篷？
史蒂芬妮：我虽然没有，但是我的朋友有。去年去露营过。
安　　妮：太好了！那么史蒂芬妮和朋友联系借一下吧。
史蒂芬妮：知道了。被子也带上吗？
安　　妮：被子太沉了。还有大夏天的，可能会很热。
史蒂芬妮：那么带个大毛巾呢？我担心晚上会冷。
利　　尔：我没有大毛巾，怎么办呢？
史蒂芬妮：利尔，我帮你带过去吧。不要担心。
安　　妮：史蒂芬妮，你要准备帐篷和大毛巾吗？带着那么重的东西走来走去，会很累的。干脆我带大毛巾过去吧。
利　　尔：那么我要带什么呢？
安　　妮：那利尔你带个救生圈吧，没准咱们会在溪谷里游泳。
利　　尔：好的，知道了。在清澈的溪谷里游泳，心情会变得很好。

## 읽기 阅读：

和KTX一起 釜山一日游
邀请大家和高铁一起旅行。
感受海云台蓝蓝的大海。
即使是一日游也能自由地游览釜山的许多地方。
不用担心会花太多的费用。我们可以以非常低廉的价格去旅行。
继续犹豫的话，没准儿就没有位置了，所以现在请抓紧报名。

| 时间 | 详细日程 | 说明 |
|---|---|---|
| 08：20~12：20 | 首尔站→釜山站，到达后和导游见面 | 金哲洙（010-1234-5678） |
| 12：20~14：20 | 自由游览海云台海浴场和水族馆，午饭自理 | 不包含水族馆门票 |
| 14：20~16：00 | 游览太宗台 | 观赏美丽的大海 |
| 16：00~18：00 | 晚餐自理，自由游览国际市场 | 浏览世界各国商品 |
| 18：00~21：20 | 釜山站出发~首尔站到达 | |

＊不提供餐饮

## 문화 文化：

**告诉我！童颜的秘诀~**

　　童颜是对看起来比实际年龄年轻的容颜的称呼。童颜的条件是皮肤白且有弹性，像婴儿一样又滑又有光泽，还要比较圆润。2016年电视剧《太阳的后裔》获得了很高的人气，皮肤美人宋慧乔可以说就是童颜代名词。30多岁的她，一点也不亚于十几岁的小女孩，皮肤又白又透，即使不化妆的素颜看起来也很有光彩。那么，可以让人忘记年龄的韩国女星童颜的秘诀是什么呢？

最重要的秘诀可以说是在生活习惯上的坚持不懈。首先介绍一下，在网络上广为流传的"童颜的10个生活习惯"。

（1）皮肤干燥是童颜的最大敌人，所以一天要保证喝8杯水以上。
（2）出门回来，要使用卸妆油和洁面霜双重卸妆。
（3）洗脸的时候要用温水和洗脸专用的肥皂。
（4）外出时必须使用防紫外线的防晒品，使用墨镜、太阳伞、帽子来遮挡阳光。
（5）适当地运动和有规律性的生活。
（6）膳食养要均衡。
（7）一天的睡眠要保证6个小时以上。
（8）一定要使用专业眼霜和防皱化妆品。
（9）克制并远离酒、烟和咖啡。
（10）不要面无表情，一定要露出温柔的微笑。

除此之外要介绍的是，有名的女艺人偏爱的皮肤管理秘诀是牛奶洗脸法和牛奶绿茶面膜。用牛奶洗脸是每天晚上洗脸的最后一个步骤，牛奶可以保持柔软白皙的皮肤。绿茶牛奶面膜是把绿茶、牛奶和蜂蜜混合在一起制成的面膜，对于消除脸部浮肿很有效，能给疲惫的皮肤带来弹力和营养。

坚持不懈长期管理皮肤很难，期待短期见效的人，偶尔也会选择其他方法。其中会选择微创整形，这不是需要做大手术的整容手术，而是通过几次简便的注射，就可以使脸变得年轻的微整形手术。通过注射缓解皱纹的肉毒杆菌或者让脸胖乎乎的填充物，费用廉价，在短短的30分钟内就可以结束，因而获得很多人的青睐。此外还有鸡蛋脸针、V形手术等等。但是这些手术的效果都只是一时的。如果有想做手术的人，希望在手术前一定要仔细地问好手术带来的副作用，然后慎重地选择。

## 10

### 어휘와 표현 词汇和表达：

**명사 名词**

| | | | |
|---|---|---|---|
| 가짜 | 假的，伪造的 | 경매 | 竞买，拍卖 |
| 신상품 | 新商品 | 습관 | 习惯 |
| 차례 | 顺序，次序 | 런던 | 伦敦 |
| 바이올린 | 小提琴 | 샌드위치 | 夹心面包，三明治 |
| 후원자 | 赞助人，赞助商 | 수수께끼 | 谜语，猜谜 |
| 정답 | 正确答案 | 슈퍼맨 | 超人 |
| 카페 | 咖啡馆 | 마술사 | 魔术师 |
| 가치 | 用途，价值 | 생활비 | 生活费 |
| 버릇 | 习惯，礼貌 | 시간표 | 时间表 |
| 인근 | 邻近，附近 | 바보 | 呆子，傻瓜 |
| 바이올리니스트 | 小提琴手 | 소포 | 包裹，邮包 |
| 소식 | 消息 | 숨소리 | 喘气声，呼吸声 |

| | | | |
|---|---|---|---|
| 진심 | 真心 | 장염 | 肠炎 |
| 마술 | 魔术 | 논문 | 论文 |

**동사 动词**

| | | | |
|---|---|---|---|
| 마르다 | 干，晒干，晾干 | 집중하다 | 集中 |
| 되찾다 | 找回，恢复 | 사라지다 | 消失 |
| 찾아내다 | 找出，查出 | 새치기하다 | 抽空 |
| 낫다 | 痊愈 | 화해하다 | 和解，和好 |
| 발견하다 | 发现 | 후원하다 | 后援，赞助 |
| 들키다 | 被发现，被察觉 | 제출하다 | 交给，提交 |
| 인증하다 | 认证 | 잠들다 | 入睡，平静 |
| 내기하다 | 打赌，比赛 | | |

**형용사 形容词**

| | | | |
|---|---|---|---|
| 난처하다 | 为难，尴尬 | 당당하다 | 堂堂正正，信心满满，理直气壮 |
| 완벽하다 | 完美 | | |

**표현 表达**

| | | | |
|---|---|---|---|
| 대충 | 大致，大略 | 마침내 | 终于，到底 |
| 실제로 | 实际 | 우연히 | 偶然 |
| 아무리 | 不管怎么 | 무단 횡단 | 乱穿马路 |
| 도난 당하다 | 被盗 | 소감을 밝히다 | 发表感言 |
| 추위를 타다 | 怕冷 | 딩동댕 | 叮咚叮 |
| 따르릉 | 电话铃声 | 무려 | 足有 |
| 영원히 | 永远地 | 조만간 | 早晚，迟早 |
| 땡 | （小铁物撞击的声音）当 | 보험 회사 | 保险公司 |
| 볼일을 보다 | 有事，有要做的事情 | 최선을 다하다 | 全力以赴 |
| 네일 아트 | 美甲 | | |

### 더 배워봅시다 扩充知识:

귀가 가렵다: 남들이 자기 얘기를 한다고 느끼다.
耳朵痒；耳朵发烧：感觉别人在说自己。
배보다는 배꼽이 더 크다: 기본이 되는 것보다 다른 것이 더 크다
肚脐比肚子大，本末倒置：与最重要的比起来，次要的更大。

### 문법 语法：

1. V –아/어 버리다
   어떤 일이 완전히 끝났다는 것 의미하거나 완전히 그 상황에 처해있음을 나타낸다.
   表示彻完成某一动作或彻底进入某种状态。
   译文："……彻底做完了""……（V）光了"。

2. V –는 사이에
   선행절의 어떤 행동을 하는 도중에 후행절의 행동을 하거나 어떤 일이 나타남을 표현한다.
   表示在做某种行为的过程中，做了后句的动作或发生某事。
   译文："在……时候，……""在……中"。

3. 아무리 A / V – 아/어도 (A / V – 아/어도)
   선행절에 어떤 행동이나 상황과는 상관없이 후행절의 내용이 나타날 때 쓰는 표현이다.
   表示与前句的行动或状态无关，后句的内容依旧发生。
   译文："即使/就算……"。

4. V –는 한
   선행절이 후행절의 행동과 상황의 전제나 조건이 됨을 표현한다.
   表示其前面的内容是出现后面行为、情况的前提或条件。
   译文："如果……"。

5. A / V –지 않으면 안 되다N이/가 아니면 안 되다
   이중부정으로 긍정을 나타내면서 반드시 그러해야 한다는 것을 표현한다.
   双重否定表示肯定，作为义务或必要做的。
   译文："不……不行""必须……"。

6. V-고 나면
   어떠한 동작이 끝났을때를 가정하여 말할때 사용한다.
   用于假设某一动作结束后进行陈述。
   译文："……的话，就……"。

### 듣기 听力：

史蒂芬妮：有什么事吗？为什么脸色那么不好。
刘　　霆：唉，出大事了。我的手机不见了。
史蒂芬妮：什么？ 手机为什么不见了？
刘　　霆：因为上课要迟到了，所以坐了出租车，但是在付车费的时候好像掉在车里了。
史蒂芬妮：快点用我的手机打个电话试试。没有关机的话，应该可以找到。
刘　　霆：谢谢。
——电话铃声——
司　　机：喂？
刘　　霆：喂？不好意思，我是这部手机的主人。
司　　机：是刚刚在檀国大学下车的学生吧？

刘　　霆：对，是的。
司　　机：我用快递把手机邮寄给你。请告诉我你的地址。
刘　　霆：怎么办呢？ 我在等一个很重要的电话，要是接不到的话不行啊。现在能告诉我您在哪儿吗？路再远我也得去取一下。
司　　机：我现在正载着客人去其他地方。这位乘客下车之后我就给你送去。
刘　　霆：好的。那么请给这个号码打电话。

### 본문 课文：

刘　　霆：史蒂芬妮，你周末都做什么了？
史蒂芬妮：去了趟明洞的魔术咖啡厅。
刘　　霆：魔术咖啡厅？那是什么地方呀？
史蒂芬妮：即能喝咖啡又能看魔术的地方。
刘　　霆：哇！看了什么魔术呢？
史蒂芬妮：看了硬币魔术，让我在硬币上面写名字。
刘　　霆：估计是怕你们认为换了硬币才那样做的！
史蒂芬妮：对，但是魔术师接过硬币，晃了一下就消失不见了。
刘　　霆：史蒂芬妮，是不是你在看其他地方的时候，魔术师把硬币藏起来了？
史蒂芬妮：这个嘛……不管我怎么想也想不出来他是怎么做到的。
刘　　霆：挺神奇。我也想去。
史蒂芬妮：和我一起去吧。
刘　　霆：你已经去过了，你愿意再去一次吗？
史蒂芬妮：嗯，每次去都会看到不一样的魔术，所以没事的。星期五晚上能去吗？
刘　　霆：星期五必须去学校。截止到周末不提交论文的话，不能毕业。
史蒂芬妮：是吗？那么下周怎么样？
刘　　霆：嗯，交了论文的话，时间就多了。
史蒂芬妮：好的，刘霆，要是你看了魔术，也会觉得很神奇的。

### 읽기 阅读：

把不是自己的、价值数十亿韩元的东西丢了的话，会有多难办呢？
这是小提琴手金某在三年前亲身经历的一件事情，好在金先生丢失的东西看起来迟早都会找回来。
被盗的物件是三百年前制造的一把小提琴。据说这把小提琴的价值约为20亿韩元。
2010年金某在伦敦站附近买三明治的时候弄丢了这把小提琴。他为了找小提琴，做了各种努力，但都没能找到。关键是这把小提琴不是他的，而是赞助商的。金先生感到太难办，都生病了。因为他觉得找不到小提琴，就无法面见赞助商。
去年三月，在法国有人信心满满地现身说找到了小提琴，但是被查明是假的。不久前，伦敦警方终于找到了遗失的小提琴。有人在竞拍网站上偶然发现了这把小提琴。但听说对方不知道它的价值，打算以约17万韩元的价格卖了它。价值20亿韩元的东西差点被以17万韩元的价格卖出去。金某原以为永远找不到这把小提琴了,能够再次找到它,金某心情就像飞上天了一样高兴,还发表了感言。

DK新闻　金檀国　记者

## 문화 文化:

**大学生活点滴**

1. 社团

社团活动占据了大学生活的主要内容,这么说并不过分。加入适合自己或者兴趣所在的社团,既能和前后辈(学哥学姐、学弟学妹)们结下深厚的友谊,又可以在对外活动中积累人脉和经验。每个学校都有各种各样的社团,加入社团的理由也多种多样。有以兴趣为主的音乐乐队或者旅行、摄影、运动、公益奉献等方面的社团等等;有以自己学科和优势为主的英语专业或者政治经济专业的学生们举办的英语、政治经济等方面的社团等;有以就业和个人资历提升为主的大赛作品展示会、创业、面试等社团。除此之外,野营、洞穴探险、美食探访、发表、凶宅体验、遗愿清单、股票投资、房地产中介、动物保护社团等各具特色的社团也很多。

2. MT

只要是韩国大学生,人人都至少会经历一次MT活动。每年三四月暖春时节,许多大学生都会去参加社团MT和系MT,负责人会把娱乐、智力竞猜、自我推介、体育活动、游戏等多种多样的活动编排在一起,大大地提高了MT的趣味性。也会有像模拟战争、漂流运动、Running man 撕名牌之类的户外活动。晚上为了给疲惫的学生们补充营养,绝对不能落下的就是烤肉派对,在篝火晚会上,吃烤肉、弹吉他、喝酒的同时,社团成员和前后辈的关系变得更加亲近,大学生活也会变得更加愉快。

3. 大学庆典

"大同祭" 是一年一度的大型校园聚会庆典活动,一般在每年的5月中旬至5月末在每所大学里举办。大学庆典被称作大学生活的亮点,看点很多,已经成为只有韩国才有的独特文化。庆典期间会有歌谣大赛、舞蹈庆典、小吃集市、彩绘、情侣游戏等多种活动。学生们亲自准备舞台,和来看节目的人们一起享受庆典的乐趣。另外各个大学根据自己学校的特点准备特色的节目,并为其极具个性的庆典感到自豪。最后将庆典推向高潮的环节,大多是请有名的演艺人参演。大学庆典是让年轻的大学生们充分享受学校的自由,然后尽情释放学习和报告的压力的活动。

**11**

## 어휘와 표현 词汇和表达:

### 명사 名词

| | | | |
|---|---|---|---|
| 기와집 | 瓦房 | 사랑방 | 厢房 |
| 냇 가 | 溪边 | 경복궁 | 景福宫 |
| 창경궁 | 昌庆宫 | 경희궁 | 庆熙宫 |
| 동 료 | 同僚;同事 | 역 할 | 角色;责任;作用 |
| 낙천적 | 乐天派 | 소 설 | 小说 |

| | | | |
|---|---|---|---|
| 양 반 | 两班, 贵族; 君子; 丈夫 (古时候对丈夫的尊称) | | |
| 수문장 | 守门将 | 궁 녀 | 宫女 |
| 빨래터 | 洗衣处 | 장 터 | 集市 |
| 고 궁 | 古宫; 故宫 | 창덕궁 | 昌德宫 |
| 덕수궁 | 德寿宫 | 경회루 | 庆会楼 |
| 신 분 | 身份 | 직 장 | 工作单位; 职场 |
| 부 부 | 夫妇; | 이삿짐 | 搬家行李 |
| 이정표 | 路标; 里程表 | 내 관 | 宦官 |

## 동사 动词

| | | | |
|---|---|---|---|
| 만족하다 | 心满意足 | 싸 다 | 包装 |
| 안전하다 | 安全 | 날아가다 | 飞走 |
| 연주하다 | 演奏 | 근무하다 | 工作; 上班 |
| 불평하다 | 不满; 发牢骚 | 매진되다 | 卖光; 售罄 |
| 기억나다 | 想起来 | 멈추다 | 停止 |
| 통과하다 | 通过 | 유행하다 | 流行 |

## 형용사 形容词

| | | | |
|---|---|---|---|
| 고급스럽다 | 高级的 | 정직하다 | 正直的 |
| 넉넉하다 | 足够的; 富裕的; 宽厚的 | 든든하다 | (身心)结实; 踏实; 坚实 |

## 표현 表达

| | | | |
|---|---|---|---|
| 간신히 | 勉强的; 好不容易的 | 가 끔 | 常常 |
| 꽁 꽁 | (冻的)硬邦邦; (呻吟声)哼哼 | 뜻밖에 | 出乎意料地 |
| 일부러 | 故意, 特意 | 돌담길 | 石墙路 |
| 거 의 | 几乎 | 결 코 | 绝不 |
| 도대체 | 到底 | 소중히 | 珍贵地 |
| 교대식 | 置换式 | 기분이 상하다 | 伤心 |

### 더 배워봅시다 扩充知识:

손발이 맞다 : 함께 일을 할 때 생각이나 행동이 서로 맞다
合拍; 配合默契：一起做事情的时候, 想法或者行动互相合拍。
금강산도 식후경이다: 아무리 좋은 경치도 밥을 먹은 후에 봐야 좋아 보인다
民以食为天；不管多美的景色, 都要吃饱饭后看才觉得好。

**문법 语法：**

1. A / V - 던 N
   1) 과거에 일정한 기간 동안 반복된 행동이나 습관을 회상하여 말할 때 사용한다.
      在回想过去一个时间内的习惯或经常做某事时使用。
      译文："经常V的……""V过的……"。
   2) 과거의 행동이 끝나지 않고 중단된 것을 나타낼 때 사용하기도 한다.
      有时也用于表达过去未完成就中断的事。
      译文："V过的……""A的……"。

2. A/V -았/었던 N
   과거에 일어난 일이나 상태를 회상할 때 시용하는 말로 현재에는 그 일이 지속되지 않음을 나타낸다.
   对过去发生的事或状态进行回想时使用，但现在那件事并没有持续进行。
   译文："曾经V过……""一度V过的……"。

3. A / V -고말고(요), N (이)고말고(요)
   '당연성'을 나타낸다. 表示当为性。
   译文："当然……"。

4. A / V -(으)ㄹ 정도(로)
   후행절의 행동이나 일이 선행절의 상태와 비슷한 수준임을 나타낸다.
   表示后句的行为或者事件达到了某种程度。
   译文："达到……程度""几乎V""甚至V"。

5. A / V -(으)ㄹ 만하다.
   앞의 행동이나 일을 할 만한 가치가 있음을 표현한다.
   表示值得做其前面的事。
   译文："值得V""真够A的"。

6. A / V -기도 하다, N이기도 하다.
   동사 뒤에 쓰여, 다른 것을 포함하고 있음을 나타낸다.
   接在动词后，表示包含。
   译文："有时也V"。
   형용사 뒤에 쓰여 정도가 심함을 나타낸다.
   接在形容词后，表示程度深。
   译文："有时也非常A""有时也挺A"。
   명사, 형용사 뒤에 쓰여 그 밖의 다른 성질과 특성을 가지고 있음을 나타낸다.
   接在名词或形容词后，表示还具有其他属性。
   译文："有时N既是N，也是N"。

### 본문 课文：

刘　霆：哇，现在行李基本都打好了！
马里奥：刘霆，多谢你来帮忙。如果没有你的话，估计今天之内没有办法弄完啊。
刘　霆：马里奥，因为你和我配合默契才能这么快干完啊。不过，这是什么书啊？
马里奥：这是我刚来韩国的时候经常看的旅行书。打算扔掉它，故意把它拿出来了。
刘　霆：现在不看了吗？
马里奥：是的，虽然最近很忙，但是那上面的景点基本都去过了。
刘　霆：真了不起啊！马里奥，我也应该像你一样，在韩国的时候多去旅旅游，转一转。
马里奥：要是你需要这本书的话，可以拿走。虽然书有点旧了，但是还有看的价值。
刘　霆：谢谢啊。我会认真看的。不过，书里有一张照片耶。
马里奥：我还以为我把这张照片弄丢了呢，原来在这里呢。这是我非常珍贵的一张照片。
刘　霆：照片里的景色真美。这里到底是哪里啊？
马里奥：釜山海云台附近。是在当时我住的旅馆前面照的。釜山旅行是我去过的所有旅行中最有意思的一次。
刘　霆：真的那么有趣吗？
马里奥：是的，真的非常有趣！我甚至想一辈子都住在那边儿。

### 읽기 阅读：

我不久前去参观了韩国的古宫。首尔的古宫是朝鲜时代王和王的家人们生活过的地方，有景福宫、昌德宫、昌庆宫、德寿宫和庆熙宫等。刚开始，我以为古宫之间的距离很远，但其实都是可以步行过去的。还有，最近只要在网上申请了的话，晚上也可以去参观古宫的夜景。我背上轻便的包一边走一边参观，天气也好，路标也设置得很好，非常值得步行参观。

我最先去的是景福宫，景福宫是朝鲜时代建造的第一座宫殿。因为是国王生活的地方，所以帮忙打理王室生活的宦官和宫女们也一起住在这里。据说当时的宫女们，一旦入了宫，到死都绝对不能出去。景福宫里面有一座可以看到莲池的庆会楼，夜景非常美丽。

接下来去的是德寿宫。德寿宫一天有三次守门将换岗仪式，他们铿锵有力的样子真的很帅气。有时也会有人和守门将合照。环绕着德寿宫的美丽石墙边上的路也给我留下了深刻的印象。据说这条路是不能和男女朋友一起走的，因为传说一起走就会分手。但是我没有女朋友，所以我可以以放松的心态走在石墙路上。

以后有余暇时间，我都希望可以去游览这次没能参观的古宫，感受韩国的传统文化。

### 문화 文化：

**面试实战经验！**

对于想要进入韩国大学的外国学生们来说，提交个人简介、学习计划书很辛苦，除此之外感觉最难的就是大学面试了。面试是大学选拔学生的重要一环，各大学面试官主要要看学生的韩语实力，还要看这个学生是否是适合本校的人才，并判断学生具备什么样的发展空间。如果有条件相同的两个学生的话，那么选择哪个学生就取决于面试成绩，这么说并不为过。所以让我们一起来看看在面试之前我们应该了解哪些事情。

1. 准备事项。

（1）着装：最基本的就是学生的着装。面试的时候，学生一般都会和面试官相对而坐，所以穿着能给人留下端正诚实印象的衣服非常重要。要避开很显眼的颜色，要给面试官一种学生该有的积极形象。

（2）表情：要表情温和，面露微笑。好像很累而露出疲惫的表情或者面无表情，都会给面试官带来不好的第一印象。面试的时候，会因为紧张而导致表情僵硬，或者感到压力很大，所以为了面试时面露自然的表情，平时在家里就要坚持练习。

（3）礼仪：对对方有礼貌也是面试的基本要求。进入面试房间后首先要向面试官恭顺地问候。在说"您好"的同时鞠躬，表现出最基本的礼仪。 而且回答问题的时候，比起"아/어요体"要用"-습니다体"来回答，不要含糊不清地回答，要干脆利落带有自信地回答。

2. 面试基本用语。

（1）面试时的问候。

（第一句话）您好！我叫×××。首先很感谢老师们能够给我这次面试的机会。

（最后一句话）辛苦了，老师们，非常感谢！

（2）没听清提问的时候。

老师，很抱歉，我没听清楚。您可以再说一遍吗？

老师，对不起，您能再说一遍吗？

（3）回答困难的时候。

老师，很抱歉，我不是很清楚，虽然我现在不知道，但我会去努力学习这部分知识。

面试的成功与否，取决于你付出了多少努力。面试的时候千万不要因为很难回答，就只是傻傻地站着。要把预想问题的最佳答案提前准备好，反复练习。还有要是想不起来问题的答案时，那么也要尽力去说一些相似的回答，要把自己的积极态度展现出来。面试的时候就算没有回答好，但是只要把自己积极的自信的一面展现出来的话，是一样会加分的。所以一定要提前多练习。各位！为了面试，都加油吧！

### 듣기 听力：

导　　游：欢迎各位来到民俗村。我是今天的导游——李英熙。

所有人：哗哗哗（掌声）。

导　　游：好, 现在请大家跟我来（稍后）。我左手边能看到的地方叫"洗衣处"，"洗衣处"就是女人们在小溪边洗衣服的地方。以前没有洗衣机，所以所有的衣服都是手洗。在冬天，因为太冷，所以冰块都会冻得硬邦邦的。好, 现在请看一下右边。这个地方叫"瓦房"，是贵族们生活的地方。

游　　客：可以进"瓦房"里面看看吗？

导　　游：当然了, 可以的呀。咱们一起进里面看看吧！（稍后）这个地方叫"厢房"，是男人们一起生活的地方，来了客人的话也在这里接待。"厢房"是离大门最近的地方，也有看门的作用。往院子里面走的话，也有厨房和女人们、孩子们生活的"里屋"。（稍后）好, 所有人都看到了吧？那么, 现在咱们移步到下一个地方吧。最后要去的地方叫"集市"。"集市"是以前人们买卖东西的地方。现在可以品尝到美味又多样的食物。"集市"里的食物全部都是韩国传统美食,非常值得尝一尝,请各位一定要试一下。到了"集市"以后,各位可以自由活动,两点在"集市"入口集合。谢谢!

## 12

### 어휘와 표현 词汇和表达:

**명사 名词**

| | | | |
|---|---|---|---|
| 꿀 | 蜂蜜 | 간장 | 酱油 |
| 소금 | 盐 | 참기름 | 香油,芝麻油 |
| 깨 | 苏子,芝麻 | 마늘 | 大蒜 |
| 양파 | 洋葱 | 어묵 | 鱼饼 |
| 참치 | 金枪鱼 | 피자치즈 | 披萨奶酪 |
| 떡볶이떡 | 做炒年糕的年糕 | 소고기 | 牛肉 |
| 냄비 | 锅 | 프라이팬 | 平底煎锅 |
| 뚜껑 | 帽子 | 냉동실 | 冷冻室 |
| 앞치마 | 围裙 | 야식 | 夜宵 |
| 보쌈 | 包饭 | 학원 | 培训班 |
| 완성 | 完成 | 졸업식 | 毕业典礼 |
| 문의 | 咨询 | 빈손 | 空手 |
| 설명 | 说明 | 일시 | 一时,一会 |
| 표시 | 标记,标示 | 피아니스트 | 钢琴家 |
| 마네킹 | 商店展示用的模特 | 블로그 | 博客 |
| 잔디밭 | 草坪 | | |

**동사 动词**

| | | | |
|---|---|---|---|
| 끓다 | 煮,沸腾, | 다지다 | 压实,轧 |
| 덮다 | 盖,扣 | 볶다 | 炒,爆 |
| 삶다 | 煮 | 썰다 | 切 |
| 익다 | 成熟,熟 | 젓다 | 摇晃 |
| 떼다 | 撕下,分开 | 검색하다 | 检索 搜索 |
| 설명하다 | 说明,解释 | 주의하다 | 注意,小心 |
| 빨다 | 吸,吮 | 물놀이하다 | 水上游戏 |
| 조립하다 | 安装,组装 | 형용사 | 形容词 |
| 매콤하다 | 微辣 | 미끄럽다 | 滑 |
| 적당하다 | 适合 | | |

### 표현 表达

| | | | |
|---|---|---|---|
| 듬뿍 | 多多，满满 | 보글보글 | 咕嘟咕嘟 |
| 약간 | 稍微，稍许 | 충분히 | 充分，完全 |
| 주의 사항 | 注意事项 | 일기 예보 | 天气预报 |

## 더 배워봅시다 扩充知识：

◇◇입에 맞다(<–>입에 안 맞다): 음식,물건,어떤 일이 내 마음에 꼭 들다

顺口,合口味（反：不合口味）：食物、物品、事情等合心意。

◇◇우물 안 개구리:세상을 넓게 보지 못하는 사람

井底之蛙：喻见识短浅的人。

## 문법 语法：

다른 사람에게 들은 내용을 또 다른 사람에게 전달할 때 간접으로 인용하여 쓸 때 사용한다.아래의 형식은 간접인용의 준말로 입말로 많이 사용된다.

在把自己所听到的内容向别人转述时使用，即间接引用时使用。"说是……"。间接引用在使用中经常表现为以下缩略形式，主要在口语中使用。

1. V -ㄴ/는대요, A-대요, N(이)래요("…다고 해요"的缩略形式，陈述句)
2. A / V -내요，N(이)내요("…냐고 해요"的缩略形式，疑问句)
3. V-재요, V-지 말재요("…자고 해요"的缩略形式，共动句)
4. V -(으)래요, V-지 말래요("… 라고 해요"的缩略形式，命令句)
5. A / V (으)ㄹ 거래요, N일 거래요 ("…(으)ㄹ거라고 해요"的缩략形式，将来时陈述句)
6. A / V -(으)ㄴ/는 대로, N대로

   동사와 같이 쓰여 선행절의 행동과 똑같이 후행절의 행동을 한다는 의미로 쓰인다. 명사와 쓰일 때는 '앞에 오는 명사의 뜻과 같이'의 의미로 쓰인다.

   接在动词后，表示完全按照前句动作来进行后动作的意思。与名词一起使用时，表示"和前面名词的含义一样"。

   译文："按照"。

7. N에다(가)

   명사 뒤에 쓰여 선행절의 내용에 다른 것이 추가되거나 더해짐을 나타낸다.

   接在名词后，表示在前面内容的基础上，追加后面的内容。

   译文："再加上……"。

## 본문 课文：

### 韩国传统料理教室

檀国大学的各位留学生们，在这次连休期间，檀国大学将会开办韩国料理教室。

料理名称：包饭

时间：9月15日 10:00~12:00

地点：学生会馆103室

材料费：免费

准备物品：围裙

注意事项：请穿防滑鞋

请来办公室（031-8005-2921）申请，截止日期是9月13日。

史蒂芬妮：听说假期学校开办韩国料理教室。

马 里 奥：我也听说了，刘霆说要一起去做包饭。

史蒂芬妮：是吗？可是包饭是什么呢？

马 里 奥：就是用白菜或者泡菜把煮熟的猪肉包起来吃的美食，非常好吃。

史蒂芬妮：我也想去。

马 里 奥：一起去吧。

史蒂芬妮：按照料理老师的话去做就能做好吗？

马里奥：当然了，史蒂芬妮擅长料理，肯定会做得很好的。

史蒂芬妮：料理教室几点开始呢？

马里奥：说是早上10点开始。

史蒂芬妮：需要准备什么东西呢？

马里奥：说是让带着围裙和防滑鞋来。

史蒂芬妮：为什么呢？

马里奥：听说厨房的地板很滑，有很多人滑倒。

史蒂芬妮：原来是这样啊，利尔也说一起去来着。

马里奥：好的，那么咱们明天在宿舍前面见面吧！

## 읽기 阅读：

　　大家好！我是喜欢宵夜的智英。我都是亲手做炒年糕吃，因为那样的话，我可以放很多喜欢的芝士，随心所欲地吃。不久前电视上介绍了一种做超级好吃的炒年糕的方法，我照着去做了，朋友们也说很好吃。大家也可以按照我介绍的方法去尝试着做一做。

　　材料：做炒年糕用的年糕、鱼饼、洋葱、辣椒酱、辣椒粉、酱油、白糖或者蜂蜜、蒜泥、葱、披萨奶酪。

（1）把粘在一起的年糕一个个地分开以后，好好冲洗。鱼饼和洋葱切成合适的大小。

（2）平底煎锅里放进水和辣椒酱，然后点火。

（3）水烧开后，放入辣椒粉和大蒜，然后再放入白糖或者蜂蜜。

（4）放入鱼饼、年糕和洋葱，好好搅拌。

（5）年糕熟了以后，放入葱和芝麻。

（6）在上面铺满披萨芝士。

（7）盖上锅盖，一直等到芝士融化的时候。

（8）简单又好吃的芝士年糕就完成了！

### 듣기 听力：

刘　　霆：喂！史蒂芬妮。

史蒂芬妮：是的，刘霆，安全到达露营场地了吗？

刘　　霆：嗯，到了，现在在露营地呢。要吃晚饭了，除了泡菜没有别的东西，所以打算做点泡菜汤。但是不知道怎么做。史蒂芬妮，要是煮泡菜汤的话，你知道怎么做吗？

史蒂芬妮：啊，我也不太清楚怎么做……稍等一下。我在网上帮你查一下做法。

刘　　霆：谢谢！但是照着网上方法去做的话，会好吃吗？

史蒂芬妮：当然了。按照网上说的去做的话，肯定好吃。啊，这里有，我给你读一下。首先把泡菜切成方便吃的大小，然后在锅里放上芝麻油和泡菜一起翻炒。等泡菜差不多熟了以后，放点水。等水开了后，放点豆腐和金枪鱼。最后尝尝味道，要是太淡的话，稍微放些盐。

刘　　霆：这里是露营地没有那些东西啊。哎呦！我还以为只要有泡菜就行了呢……

史蒂芬妮：是啊，需要的材料比想象中的多好多啊。

刘　　霆：那样的话，只能吃泡面了。但是史蒂芬妮，你这么努力地帮我说明，真的很抱歉啊。

### 문화 文化：

#### 大学报告写作方法

　　大学报告作为大学生的写作课题，是根据给定的主题，收集与主题相关的信息，通过有深度的研究，把结果写成一种内容形式的报告书。报告在科目成绩中，少则占20%，多则占60%~70%的成绩，一个学期有3～4次报告，这也是教授以报告书来代替考试的一种授课形式。对于之前没有很好的自主思考习惯的学生来说，写报告不是一件简单的事。虽然报告的格式，每个教授要求不同，但是写报告的流程都大同小异。

　　1. 封面（如图所示），接着是报告的目录页。

　　2. 报告大体上分成绪论、本论、结论三个部分来写比较好。

　　选主题：细化给定的主题后再定具体的主题。主题太宽泛的话，调查研究起来困难很多。主题选择得好的话，报告的写作方向也易于掌控。所以一定要慎重地选定主题。

　　绪论：主题选定及报告的展开方向。

　　本论：研究方法、过程、研究结果。

　　结论：本次研究心得及新情况。

　　必须遵守的事项：

　　1. 必须遵守相关科目教授的报告注意事项。

　　各科教授要求的字数、字体、字体大小、字间距、文件格式、提交日期等都是不同的。报告要求一定了解清楚，在核对之后整理保存，要像守护自己的生命一样在规定日期内提交报告。

　　2. 一定要标明参考文献的出处。

　　没有标记资料出处，相当于抄袭行为。在引用其他人的观点时，一定要标出参考文献。参考文献写在自己报告的结尾，参考论文按照作者/论文名称/出版社/年份/页数的顺序来写。如参考文献是单行本的情况，按照作者/书的题目/出版社/出版年份/页数的顺序来写。

3. 拼写法的检查。

提交课题时，首先要检查拼写方法，然后提交给教授。外国学生也可以适当地求助韩国朋友帮忙检查拼写是否正确，讨论句子表达是否恰当。

韩文拼写方法检查推荐网址：Speller.cs.pusan.ac.kr

英文拼写方法检查推荐网址：grammar check.net

## 13

### 어휘와 표현 词汇和表达：

**명사 名词**

| | | | |
|---|---|---|---|
| 몸매 | 身材 | 환자 | 患者 |
| 시력 | 视力 | 원인 | 原因 |
| 몸무게 | 体重 | 덩치 | 个头，块头 |
| 비만 | 肥胖 | 사회자 | 主持人 |
| 상금 | 奖金 | 지원자 | 申请人 |
| 채소 | 蔬菜 | 충격 | 冲击，冲撞 |
| 태도 | 态度 | 주변 | 周围 |
| 비결 | 秘诀 | 감정 | 感情 |
| 공휴일 | 公休日 | 의지 | 意志 |
| 맛집 | 美食店 | 명품 | 名牌 |
| 목도리 | 围巾 | 미성년자 | 未成年 |
| 도전자 | 挑战者 | | |

**동사 动词**

| | | | |
|---|---|---|---|
| 그만두다 | 放弃 | 유지하다 | 保持，维持 |
| 늘다 | 增加，延长 | 관련하다 | 参与，关联 |
| 극복하다 | 克服 | 상상하다 | 想象 |
| 희망하다 | 希望 | 소문나다 | 出名，传闻 |
| 부상하다 | 受伤 | 치료하다 | 治疗 |
| 출전하다 | 参赛，出战 | 금연하다 | 禁烟 |
| 선거하다 | 选举 | | |

**형용사 形容词**

| | | | |
|---|---|---|---|
| 부끄럽다 | 害羞 | 편안하다 | 舒服，舒适 |
| 심각하다 | 深刻，严重 | 지나치다 | 过分，过度 |
| 화창하다 | 和煦，风和日丽 | | |

**표현 表达**

| | | | |
|---|---|---|---|
| 게다가 | 再加上，而且 | 골고루 | 平均地，均匀地 |
| 꾹 | 紧，使劲 | 반드시 | 一定 |
| 원래 | 原来 | 자세히 | 仔细地 |
| 주로 | 主要 | 끊임없이 | 不断地 |
| 셀카 | 自拍 | 걸그룹 | 女团 |
| 뷰티 프로그램 | 美妆节目 | 닭 가슴살 | 鸡胸脯肉 |
| 노약자석 | 老幼病残孕专座 | 도움이 되다 | 有帮助 |
| 배가 나오다 | 肚子凸出来 | | |

### 더 배워봅시다 扩充知识：

갈 길이 멀다: 어떤 일이 아주 어렵고 힘들다

任重道远；……还差得远：某件事情做起来非常难，并且累。

병 주고 약 준다: 남에게 나쁜 말이나 행동을 하고 다시 도와주거나 해결하다

打个巴掌，给个甜枣儿；打一巴掌揉三揉：喻对别人说坏话或者做不好的行动以后，又帮助人家。

### 문법 语法：

1. A / V -(으)ㄴ/는데도 (불구하고) N인데도 (불구하고)

    선행절의 행위나 상태로 기대되는 것과 반대의 결과가 나타낼 때 사용한다.

    表示后句的结果与前句的行为、态度所期待的结果相反。

    译文："尽管""就算"。

2. A / V -(으)ㄴ/는 탓에, N 탓에, N인 탓에

    선행절이 후행절의 부정적인 사건이나 일이 생기게 된 원인 혹은 이유를 표현한다.

    表示前面的内容是产生后面不好的结果的原因。

    译文："因为……，……(不好的结果)"。

3. A / V -잖아요, N(이)잖아요

    듣는 사람이 이미 알고 있는 이유를 말할때 혹은 상대방이 어떤 사실을 잊어버려서 다시 상기시켜줄 때 사용한다.

    带有反问语气，表示就某种事实或听者已知道的理由向听者确认，或提醒听者。

    译文：不是……吗?

4. A / V -(으)ㄴ/는 편이다

    어떤 사실을 대체로 어떤 쪽에 속한거나 가까움을 나타낸다. 즉, '대체적으로 그렇다'는 의미를 표현한다.

    表示某种事实属于哪类情况或大致接近某类情况。表示"大体上如此"的含义。

    译文："算是……""属于……"。

5. A / V -기 마련이다

    앞에 일어난 일 또는 사실이 그렇게 됨이 당연함을 표현한다.

表示前面发生的某种事情或者某一事实是必然会那样的。

译文:"总是要……""就是会……"。

6. N (이)나마

선행절의 내용이 그다지 만족스럽지는 않지만 아쉬운 대로 받아들이는 의미를 표현한다.

表示虽然对其前面的内容不是非常满意,但就当时的情况来看还可以将就。

译文:"就算……""算是……"。

## 본문 课文:

史蒂芬妮:利尔,你越看越苗条了。真让人羡慕啊。

利　　尔:苗条什么呀,藏着的肉多着呢。

史蒂芬妮:我就算每天只吃一点点也不掉肉,甚至喝口水都长肉。

利　　尔:是么?我高中的时候算是胖的,那时候也不挑食,还主要吃巧克力和蛋糕。

史蒂芬妮:那样的话对健康不好。

利　　尔:对,每天那么吃,长了20多千克,所以朋友们都叫我"猪"。

史蒂芬妮:哇!真不能想象。

利　　尔:真的。进入大学后即使不吃零食了体重也没有减少,真的很严重。

史蒂芬妮:但现在不是又苗条又健康吗?维持苗条身材的秘诀是什么呢?详细地说说吧。

利　　尔:后来我学了游泳,就开始减重了。

史蒂芬妮:游完泳肚子不饿吗?

利　　尔:对,运动完肚子就会饿的,但是那时候最重要,运动后得忍着不能吃东西。

史蒂芬妮:天哪,(减肥)要走的路真长啊!

利　　尔:刚开始很难,但是坚持一段儿就会习惯了。再说了,史蒂芬妮你无论什么做事都那么努力,所以肯定会有好的结果。

史蒂芬妮:好,知道了。谢谢你告诉我。

利　　尔:哪怕只能帮到你一点点我也会很开心的。

## 듣기 听力:

张闵硕:大家好!我是"保持健康"主持人张闵硕。我们"保持健康"节目将给减肥中的各位朋友带来希望。在众多志愿者当中3个月里减掉体重最多的人,我们会奖励1千万韩元奖金。那么让我们首先和上期得了第一名的家庭主妇金静喜来聊一聊。

金静喜:您好!我是金静喜。

张闵硕:欢迎您!金静喜女士,您为什么参加这个节目呢?

金静喜:我年轻的时候也算是比较苗条的。但是生完孩子后放弃了工作,因为一直在家,渐渐地就开始长胖了。

张闵硕:原来在家的话就会长胖。

金静喜:很对。医生还对我说长胖了对膝盖也不好。

张闵硕:这样啊!那么听完那句话之后就开始减肥了吗?

金静喜：不是，那时我只是暂时受到了打击。虽然我受到了打击，但是减肥太麻烦了，所以还是没有做运动。
张闵硕：那么什么时候真正决定减肥了呢？
金静喜：有一天和我儿子走路遇到了他的老师，但是儿子表现得很不好意思。可能是妈妈太胖了不想被老师看到。那时我就想一定要减肥。
张闵硕：那时候受到打击了啊！但是现在不是变得很健康了吗？
金静喜：是，事实上在我减肥期间给我最大帮助的人正是我的儿子。每当我累的时候儿子都给我鼓劲儿。
张闵硕：这样子啊！来，那么接下来我来介绍一下新的挑战者们。

### 읽기 阅读：

#### 减肥失败的原因和克服的办法

世界上有很多人为了健康，或者为了拥有帅气的外貌，或者为了维持身材而坚持不懈地减肥。但是不是所有的人都减肥成功了。英国的一个调查结果显示3个月里面83%的人放弃了减肥，只有17%的人成功了。即使努力减肥还是失败了的理由是什么呢？

第一，想要减肥不能一开始就过度运动。快速减重肯定会生病的。

第二，不能老和周围的朋友见面吃饭。这是因为心情放松的时候相对于和陌生人在一起的时候吃的更多。并且，身边的人会说"你属于瘦人啊。" 还有像什么"胖一点不是很可爱吗？"这类好话。那样的话我们在不知不觉中就放弃减肥了。

第三，不是不吃饭就能减肥。不要无条件地饿着，而是得吃蔬菜或鸡胸肉这些有利于减肥的食物。

第四，特别想吃东西的时候不要勉强忍着，最好吃一点儿。忍着会很辛苦，进而压力增大，反而吃的更多了。特别是晚上饿的时候，不要一味地忍着，喝杯温牛奶是不错的选择。

最后情绪也和减肥有关系。人们由于事情很多感到疲惫或者有压力的时候，会产生想吃东西的想法。那个时候得做瑜伽或运动来保持愉悦平和的心情。

要是上面的方法能对减肥的人有一点儿帮助就好了。

### 문화 文化：

#### 大家一个月花多少钱呢？

上大学的韩国学生们一个月生活费需要多少呢？

2015年10月在某一网站上关于大学生每月平均生活费的问卷调查结果显示，大学生们一个月大约平均花掉36万6千韩元生活费。这是和父母一起生活的大学生的平均生活费，独自生活/寄宿等和父母分开住的大学生大约为48万8千韩元，这是和父母一起生活的学生花费的1.3倍。男生和女生各自的平均花费也显示出了差异，男生的情况是一个月大概花掉34-45万韩元，女学生一个月大概花掉33-38万韩元。

一个月平均38万韩元的生活费也是指以除午饭以外，早晚饭都在家解决为前提使用的金额。咱们来研究一下大学生们一天的实际花费吧。一天的交通费2400韩元（往返），午饭（在学校食堂和便利店简单就餐的情况）大约3500韩元，一杯咖啡3900韩元，合计消费9800韩元。除此之外文化生活费（观看电影或演出，购买图书等）花费10万韩元左右，手机通讯费大部分由父母支付。

实际上平均生活费只是坚持过完一个月的最低金额。我们可以推算一下，在平均生活费的基础上，如果加上一个月的手机通讯费，或者和朋友们一个月再来两三次酒局的话，费用一下子就超过38万元。实际上打工的学生们有一半以上都是因为零花钱不够而打工的。挣零花钱也很重要，但是不要浪费自己挣到的钱，更重要的是好好管理它们。

第一，为了管理消费要记好账簿。一个月里每天都坚持不懈地记下支出费用，同时确认是否有浪费的部分。最近人们使用各种智能手机账簿APP，可以很方便地记录支出明细。

第二，请大家办理大学生储蓄卡。这种卡兼具学生卡和储蓄卡功能，可享受各种优惠，如交通费、有名的咖啡连锁店、便利店、书店等都可以申请5-10%的打折，电影院、游乐园也有优惠。

第三，如果说想要通过储蓄卡了解自己的消费习惯，也要存钱，那么办个存折吧。如果就只是为了存钱才办存折，那么在存折收到生活费或者打工工资以后，首先要存钱，然后再用剩下的钱来度过这个月。

让我们坚持使用上述三种方法，了解自己的消费习惯，找到支出浪费款项，并进行改正。我的钱由我来支配是最重要的。

问卷调查结果出处：打工专门求职网（www.albamon.com）

## 14

### 어휘와 표현 词汇和表达：

**명사 名词**

| | | | |
|---|---|---|---|
| 동물 | 动物 | 사슴 | 梅花鹿 |
| 사육사 | 饲养员 | 수의사 | 兽医 |
| 우리 | 我们 | 먹이 | 食物，饲料 |
| 유치원 | 幼儿园 | 이것저것 | 这个那个 |
| 집안일 | 家务活 | 햇빛 | 阳光 |
| 상태 | 状态 | 한참 | 好一会儿 |
| 올림픽 | 奥林匹克 | 햄 | 火腿 |

**동사 动词**

| | | | |
|---|---|---|---|
| 진찰하다 | 诊察，检查 | 회복되다 | 恢复 |
| 앓다 | 患病 | 돌보다 | 照顾 |
| 지키다 | 遵守 | 영업하다 | 营业 |
| 줄다 | 减少 | 데려오다 | 带来 |
| 둘러보다 | 环视 | 비다 | 空出，不足 |
| 빗다 | 梳，梳理 | 뿌리다 | 撒，洒 |
| 일어서다 | 站起来 | 붙다 | 粘，贴 |
| 속다 | 受骗，上当 | 애타다 | 焦急 |
| 밤새다 | 熬夜 | | |

### 형용사 形容词

| | | | |
|---|---|---|---|
| 불쌍하다 | 可怜 | 서늘하다 | 清爽，凉 |
| 세심하다 | 细心，仔细 | 신선하다 | 新鲜，清新 |
| 안전하다 | 安全 | | |

### 표현 表达

| | | | |
|---|---|---|---|
| 드디어 | 最终 | 시름시름 | 久病缠身 |
| 어느새 | 不知不觉间 | 제대로 | 好好地，正常地 |
| 편안히 | 好好，平安地 | 여보 | 亲爱的（夫妇间的相互称呼） |
| 통학 버스 | 校车 | 신경을 쓰다 | 费心思，操心 |

## 더 배워봅시다 扩充知识:

싼 것이 비지떡: 싼 물건이 품질이 나쁠 확률이 높다

便宜没好货：便宜的东西质量不好的概率很高。

어깨가 무겁다(어깨가 가볍다):무거운 책임을 져서 부담이 된다.

肩上的担子重：责任太重而成为负担。

## 문법 语法:

1. A / V -더라고요, N(이)더라고요

   과거에 자신이 경험한 어떤 일을 회상하여 전할 때 사용한다.

   表示说话人向听者转述自己过去亲身经历的事。

   译文："说……"。

2. V-도록

   동작의 정도나 결과, 시간의 한계 따위를 나타내는 말

   表明后面出现的行动的程度或方式,时间的限度。

   译文："……的程度""……时候为止"。

3. N덕분에

   앞의 내용에 의해서 뒤의 좋은 결과가 생겼다는 의미를 나타낸다.

   表示由于前面的内容产生了后面较好的效果。

   译文："托……福""得益于……""因为……"。

4. N이/가 (N에게) N을/를 V

   사동사는 주어가 다른 이에게 어떤 행동을 하게끔 하는 의미이다.사동표현은 문장을 만들 때 "N이/가 (N에게) N을/를 V"인 형태로 만드는데 동사 어간에 "-이/히/리/기/우/추"를 붙여야 한다.

   使动词表示主语使役他人做某事。使动态在句子中的时态如下: N이/가 (N에게) N을/를 V。 在动词词干后加上使动后缀"-이/히/리/기/우/추"

   译文："使……。"

5. V-게 하다

문장의 주어가 어떤 사람에게 어떤 행동을 하게 하거나 어떤 상태에 이르도록 하는 것을 의미한다. "-이/히/리/기/우/추"을 쓴 사동표현은 제한적이지만 "-게 하다"는 모든 사동표현이 가능하다.

表示主语让某人做某种动作或使之达到某种状态。

用 "-이/히/리/기/우/추" 构成使动句的方式仅限于部分词汇，但 "-게 하다" 可以用所有的动词。

译文："让……""使……"。

6. N을/를 시키다

명사 다음에 "-을/를 시키다"를 붙여 어떤 사람에게 어떤 행동을 하도록 시킨다는 의미로 쓰인다. "N이/가(N에게) N을/를시키다"형태로 문장을 만든다.

接在名词后，指使某人做某事时使用。形态为 "N이/가(N에게)N을/를시키다"。

译文："让……""使……"。

### 본문 课文：

老婆：老公，我现在要出去了。

老公：好的。好久没见到你的同学了，所以把家务都忘掉，开心地去玩吧。

老婆：是，知道了。我不在的时候照顾好智英。

老公：我今天也不去公司，所以不用担心智英了。今天我需要做什么呢？

老婆：得给智英喂早饭，8点左右叫醒她。

老公：知道了。喂完饭之后呢？

老婆：给智英洗头洗脸。得快点洗，以免感冒。

老公：洗完之后穿什么衣服呢？

老婆：今天智英要穿的衣服我已经挂在她房间的衣柜里了。

老公：几点送到幼儿园？

老婆：9点30分幼儿园的校车会来到咱们家门前，让她在那儿坐车就可以了。她4点回来，所以在那之前请打扫好卫生，洗完衣服。

老公：要做的事儿这么多？

老婆：是啊，你现在知道家务有多少了吧？还有……

老公：是是。知道了。拜托不要再派活了，你快点出发吧。再说下去该迟到了。

老婆：哈哈哈，知道了。老公，那么今天就拜托你了。我去去就回。

老公：相信我，快去吧。

老婆：谢谢！有你我才能安心地出去啊。

### 듣기 听力：

艾妮：喂！

克里：哦，艾妮呀。

艾妮：啊，是克里啊。旅行怎么样？有意思吗？

克里：托你的福，我们玩得很有意思。恩，宝利过得好吗？

艾妮：恩，宝利早晨有一阵心情挺不好的。
克里：看来是我不在他心情不好啊。现在还那样吗？
艾妮：没有，给他喂了好吃的，还一直抱着他，现在心情好像好一些了。
克里：真是万幸。艾妮呀，周末还把宝利拜托给你，真的不好意思。
艾妮：没关系。我原本就喜欢小狗嘛。今天因为和宝利在一起我心情也变得很好。一直在家的话好像很憋闷，所以我打算吃完午饭之后去散步。
克里：散步回来最好给他洗洗，因为脚会很脏。
艾妮：是吗，知道了。不要担心，好好玩吧。我会照顾好他的。
克里：恩，洗完之后也许会感冒，给他穿上衣服啊。恩？
艾妮：知道了。我好像成了他妈妈，责任好重啊。
克里：哈哈，对不起总让你做这做那的。我旅游的时候如果看到漂亮的礼物肯定会买给你。
艾妮：好啊，不要忘了，一定买回来啊。那么好好玩吧。

## 읽기 阅读：

我是动物园的饲养员。为了动物们的健康我们做各种各样的工作，以给他们提供安全健康的环境。

我一般8点30分左右怀着愉快的心情到动物园上班。首先确认动物们晚上睡得好不好，接着要打扫卫生。

到了11点左右得给动物们准备食物。给动物幼崽喂牛奶，并给其它动物准备他们喜欢的蔬菜和水果。动物们吃完饭差不多就1点了。

在天气炎热的夏天为了不让动物受苦，会洒水让它们凉快些，得把不耐热的动物搬到阴凉的圈内，让它们避开阳光。

昨天早上在鹿圈里我发现一只梅花鹿病了，不能正常地站起来。它看起来非常可怜，我很担心。就带它去了医院，说是热病的。兽医说梅花鹿得住院，病好才能出院。我怀着一颗焦急的心守在它身边，直到到深夜，才暂且回了家。

今天一上班我就把工作托付给了后辈，早上就去了动物医院。让后辈做事我感到很抱歉。但是担心梅花鹿也没有别的办法。幸运的是可能是因为梅花鹿在医院里休息得好，状态好多了。但是兽医说梅花鹿完全恢复还需要在医院再睡一天。多亏了兽医，梅花鹿好像很快就会好起来。

回到动物园不知不觉间已经是晚上了。最后我又巡视了一圈动物园确定了没有问题。漫长的一天终于结束了。

## 문화 文化：

**大学听课：发表（作报告）**

发表（作报告）是大部分课程里都不会缺少的评价方式之一。这是为了让学生们主动准备课程并重视自主发表能力，也是为了把大家带到主动学习的氛围里面，而不是被动学习。发表前完全做好准备并慎重地做好计划是非常重要的。但是为了可以自然地推动发表进程，了解一些基本用语也是很重要的。

1. 第一句问候语　　大家好！我是来自中国的×××。
2. 发表主题介绍　　a. 今天我想要发表的是……

b. 今天我将对×××主题作报告。这个主题我要讲大约00分钟。

3. 发表内容的整体构成, 要点传达　　a. 今天我的报告分为三部分。第一……, 第二……, 最后……。

b. 今天我的报告从……开始, 分析……, 以……来结尾。

4. 发表的开始&过程　　首先我来介绍一下……

如上所述, 第一部分的内容就结束了。接下来进入下个部分……

（附上内容）我将详细说明……

5. 有效果的结尾　　现在简单地整理一下刚刚讲过的内容。

今天的发表到此结束。

谢谢大家的倾听。

（问答问题）如有疑问请提问。

## 15

### 어휘와 표현 词汇和表达：

**명사 名词**

| 등장인물 | 登场人物 | 장면 | 场面 |
| 기사 | 报道 | 역사 | 历史 |
| 자료 | 资料 | 가면 | 假面, 面具 |
| 노총각 | 老光棍 | 우렁이 | 田螺 |
| 이별 | 离别 | 인간 | 人类, 人 |
| 배낭 | 背包 | 보고서 | 报告书 |
| 전쟁 | 战争 | 평화 | 和平 |
| 중요성 | 重要性 | 동영상 | 视频 |
| 자연 | 自然 | 보호 | 保护 |
| 웬일 | 怎么回事 | 특파원 | 特派记者 |
| 화면 | 画面 | 동창회 | 同学会 |
| 유료 | 收费 | | |

**동사 动词**

| 뛰쳐나오다 | 跑出来 | 뛰어다니다 | 跑来跑去 |
| 붙잡다 | 握紧, 挽留 | 지켜보다 | 观察 |
| 계속하다 | 继续 | 거절하다 | 拒绝 |
| 버림받다 | 被抛弃 | 설득하다 | 说服 |
| 어기다 | 违背 | 허락하다 | 允许 |
| 애원하다 | 恳求 | 용서하다 | 原谅, 宽恕 |
| 체념하다 | 死心, 放弃 | 짐작하다 | 猜测, 推测 |
| 연결하다 | 连接 | 이어지다 | 连接, 继续 |

**형용사 形容词**

| 곤란하다 | 困难 | 괴롭다 | 难过, 不舒服 |
| 창피하다 | 丢人 | 놀랍다 | 惊讶 |
| 보람되다 | 满意, 满足 | 뒤늦다 | 晚, 迟 |
| 딱딱하다 | 坚硬, 生硬 | 순진하다 | 纯朴, 纯真 |
| 중요하다 | 重要 | | |

**표현 表达**

| 딱 | 完全 | 차츰 | 逐渐 |
| 어머나 | 突然惊讶或感叹时发出的声音 | 으악 | （惊讶声）啊, 呀 |
| 이상 기후 | 异常气候 | 제품명 | 产品名 |
| 고개를 숙이다 | 低头 | 입맛이 없다 | 没胃口 |
| 코를 골다 | 打鼾 | UCC | 用户原创视频内容 |

### 더 배워봅시다 扩充知识:

아는 길도 물어서 가라: 잘 안다고 방심하지 말고 다시 확인하는 것이 좋다.
认识的路也要问好再走: 对于了解的也不要轻信, 最好再次确认。
개구리 올챙이 적 생각 못한다: 성공하고 나서 옛날의 어려웠던 때를 잊고 잘난 척한다.
忘本: 成功之后忘记了以前困难的时候, 很自大。

### 문법 语法:

1. N에 대해(서)/대한
   뒤의 내용에서 설명하고 있는 대상을 나타낸다.
   表示后面内容说明的对象。
   译文: "对于……"。

2. V - 다시피
   실제로 어떤 행위를 한 것은 아니지만 그러한 행위에 가깝게 했음을 나타낸다.
   表示实际上并非做出某种行为, 但表示类比某种行为。
   译文: "就像……" "差不多……"。

3. A / V -(으)ㄴ/는 반면에, N인 반면에
   앞의 내용과 뒤의 내용이 서로 상반됨을 나타낸다.
   表示前后内容相反。
   译文: "与……相反, ……" "相反……"。

4. A / V -(으)ㄴ/는 척하다, N인 척하다
   사실과 다른 거짓된 행동을 하거나 그러한 상태를 말할 때 사용한다.
   表示叙述与事实相反的虚假行动或状态的时候使用。
   译文: "假装……"。

5. A / V -(으)ㄹ 텐데, N일 텐데

말하는 이가 그럴 것 같다는 추측을 나타낼 때 쓴다. 선행절에 그럴 것 같다는 내용과 관련되거나 그와 상반되는 내용이 후행절에 나타난다.

表示说话人对其前面内容的推测。后面是与之相关或相反的内容。

译文:"可能……""好像……"。

6. V -기

일부동사의 어간에 붙어, 그렇게 하는 일의 뜻을 더하여 명사를 만들 때 표현한다. 공공 표어, 규칙, 속담 등에 쓰인다.

接在部分动词词干后,使其前面的内容在句子中起名词作用,用于共标语、规则、俗语等。

译文:……(把动词变成名词)。

### 본문 课文:

克里:利尔呀,你很忙吗?

利尔:不,还好,有什么事吗?

克里:其实我下周将要对韩国的传统故事进行发表。但是不知道什么书比较好。你也知道,我不怎么喜欢看书。

利尔:你说什么? 下周就发表了现在还不知道怎么行。书也要读,报告也要准备,时间不够啊……

克里:所以我想读又短又有意思的书。

利尔:是吗? 那你读一遍"田螺姑娘"这本书吧。

克里:是什么内容呢?

利尔:是关于一个男人因为违背了约定被夫人抛弃,事后很后悔的故事。

克里:原来故事讲的是约定的重要性啊!

利尔:对啊,这个故事特别适合讲给你。

克里:什么呀,现在你是说我不重视守约吗?

利尔:当然了。上周因为你迟到1个小时,我等你等得不是感冒了吗?

克里:那件事真的很对不起。

利尔:哈哈哈,开玩笑呢,玩笑啊。你的问题就是学习很好,但是太天真了。要是有点幽默感的话可能会成为一个100分的男朋友。

克里:啊,你是在说谎?

利尔:对不起。不要生气啊。

克里:我也是假装生气的。我的演技怎么样?

### 듣기 听力:

女生:今天我要给大家讲的是一个古代故事,叫做"田螺姑娘"。在很久以前,有一位年过40还没有结婚的李公子。李公子心地善良,但对女孩子却没什么吸引力。有一天李公子去干活,差点踩到一个田螺。心地善良的他就把田螺带回了家。但是接下来发生了一件让人吃惊的怪事。那天李公子干完活回到家里,发现有人已经准备好了可口的饭菜。李公子很好奇,想知道是谁准备的,所以第二天他又假装去干活,中途回到家藏了起来。过了一会儿他发现一位漂亮的姑娘进入了厨房开始准备饭菜。李公子从藏着的地方跳出来,请求这位姑娘和他结婚。姑娘最终同意结婚,并提出了结婚条件,那就是一个月让她自己独自呆在家里一天。李公子准守了约定,而且从那之后两个人幸福地生活在一起。但是随着时间的流逝,李公子变得很好奇,他很想知道妻子自己在家到底做什么。所以李公子……

## 읽기 阅读:

### 田螺姑娘

出场人物: 李公子, 田螺姑娘

场所: 家里

场景1

李 公 子: 到底是谁每天给我准备晚餐的? 今天我一定找出这个人是谁。(在门后面藏着)她肯定不知道我藏在这里吧。

(过了一会儿,田螺姑娘出现了,她开始准备美味的饭菜。)

李 公 子: (跑过去抓住田螺姑娘的手)姑娘!

田螺姑娘: (吓了一跳)天哪, 李公子!

李 公 子: 是你一直在给我做饭吗! 谢谢。

田螺姑娘: (害羞的说)这不算什么。那么再见了。

李 公 子: 请不要走! 请和我结婚吧!

田螺姑娘: (苦恼了一会)我有条件,请不要问我任何问题。

李 公 子: 知道了。我只要有你就够了。

田螺姑娘: 还有,请让我一个月自己独自呆在家里一天。

李 公 子: 好的。我一定会遵守约定的。

场景2

李 公 子: (回到家里)她到底自己在家干什么呢? 今天我假装去干活,然后偷偷观察一下她。(李公子藏在门后)

(过了一会儿,田螺姑娘出现了,李公子从藏着的地方跳了出来)

田螺姑娘: (看到李公子吓了一跳)天啊! 老公, 你怎么回来了! (这时田螺新娘一面假装摔倒,一面戴上了田螺面具.)

李 公 子: (看到田螺吓了一跳)啊! 这是什么呀! 不是田螺吗! 怎么会这样? 原来田螺是我的新娘啊!

田螺姑娘: (伤心欲绝)老公,正如你看到的,我就是你救过的那只田螺。如果你能遵守约定的话,我就会变成人和你幸福地生活……。但现在不可能了。这段时间我很快乐也很幸福。

李 公 子: (哇哇大哭)老婆, 我错了, 请原谅我。

## 문화 文化:

### 换钱(1)

韩国货币的国家代码是KRW。货币单位是 WON, 用符号表示为 "₩"。

韩币有纸币和硬币两种。纸币有1000韩元、5000韩元、10000韩元、50000韩元四种, 易于根据纸币上面印的历史人物和颜色分辨单位。现在流通的硬币有10韩元、50韩元、100韩元、500韩元4种,10元是现行最小的货币单位。几乎没有什么兑换价值的1韩元和5韩元硬币从2001年2月开始停止流通。另外2009年6月23日韩国银行发行了5万韩元(相当于40美元)钞票,这是迄今为止韩国发行的货币中最大的面值。

购买外汇时价格与手续费从低到高的排序是:私营换钱所→网上兑换→银行→机场换钱所。

(1)私营换钱所

这是政府允许的个人开设的换钱场所。一般这里没有换钱的手续费,与普通银行相比汇率更高,会营业到很晚,所以银行关门后可以在这里换钱,具有时间优势,在外国游客比较集中的明洞、东大门、梨泰院等地都有很多换钱所。

(2)银行

挂着bank招牌的银行与私人换钱所相比具有安全性,而且很容找到能换钱的银行。要是需要兑换大额货币的时候,在银行还能得到优待,对换钱有利。然而,银行的营业时间是到下午4点,周末和公休日不开门。所以购物需要换钱时,周末这两天是不能选择银行换钱的。

# 16

## 어휘와 표현 词汇和表达:

### 명사 名词

| | | | |
|---|---|---|---|
| 나리타 공항 | 成田机场 | 공항철도 | 机场快铁 |
| 탑승 | 乘坐 | 기장 | 机长 |
| 승객 | 乘客 | 안전벨트 | 安全带 |
| 탑승구 | 登机口 | 활주로 | 跑道 |
| 스케이트장 | 滑冰场 | 기류 | 气流 |
| 주제 | 主题 | 지역 | 地域,地区 |
| 취향 | 取向,趣向 | 관람객 | 观众 |
| 물가 | 物价 | 우기 | 雨季 |
| 포스터 | 海报,宣传画 | 장비 | 装备 |
| 오디션 | 面试 | 립스틱 | 口红 |
| 목적 | 目的,目标 | 느낌 | 感觉 |
| 회의장 | 会场 | 통역사 | 口译译员 |
| 잠바 | 夹克 | 단맛 | 甜味 |
| 통장 | 存折 | 번호표 | 号牌 |
| 강의실 | 教室 | 상처 | 伤处;伤痕 |
| 환경 | 环境 | | |

### 동사 动词

| | | | |
|---|---|---|---|
| 경유하다 | 路过,经过 | 이륙하다 | 离陆,起飞 |
| 착용하다 | 穿,戴 | 고생하다 | 吃苦,辛苦 |

| | | | |
|---|---|---|---|
| 결정하다 | 决定 | 당부하다 | 嘱咐, 叮嘱 |
| 정리하다 | 整理 | 확정되다 | 确定 |
| 마중하다 | 迎接 | 전시되다 | 展示, 展览 |
| 연구하다 | 研究 | 양치질하다 | 刷牙, 漱口 |
| 윷놀이하다 | 飞行棋游戏 | 안내하다 | 介绍, 带路 |
| 긴장하다 | 紧张 | 심호흡하다 | 深呼吸 |
| 인증하다 | 认证 | 새치기하다 | 加塞 |
| 치유하다 | 治愈 | 해결하다 | 解决 |
| 지시하다 | 指示 | | |

### 형용사 形容词

| | | | |
|---|---|---|---|
| 아깝다 | 可惜, 惋惜 | 느긋하다 | 轻松, 从容 |
| 정중하다 | 郑重, 严肃 | 철저하다 | 彻底, 坚决 |

### 표현 表达

| | | | |
|---|---|---|---|
| 가까이 | 近 | 당분간 | 目前, 暂时 |
| 당연히 | 当然 | 더욱 | 更加 |
| 정성껏 | 精心, 诚心诚意 | 정확히 | 正确地 |
| 전기 코드 | 电灯线 | 전자 제품 | 电子产品 |
| 지시등 | 指示灯 | 대박이 나다 | 大发, 走大运 |
| 마음을 놓다 | 放心 | 무단 횡단하다 | 横穿马路 |

### 더 배워봅시다 扩充知识:

눈이 빠지게 기다리다: 오랫동안 기다렸다

望眼欲穿: 等了很久。

세 살 버릇 여든까지 간다: 어렸을 때 습관이나 버릇은 나이가 들어도 고치기 어렵다.

三岁看大; 本性难移: 小时候的习惯即使年纪增长也很难改变。

### 문법 语法:

1. A / V -(으)ㄹ 테니까, N일 테니까

   말하는 이의 의지나 추측을 나타내는 말로, 후행절에는 주로 말하는 이가 제안하는 일을 듣는 이가 하거나, 같이 하는 등을 나타내는 말이고 선행절에는 그렇게 제안하는 이유를 추측하면서 말한다.
   表示说话人做某事的意志或者推测。表示前句中说话人将要做的行为是后句的原因或条件。这时后句一般是要求听者做某事的祈使句或和者一起做某事的共动句。

   译文: "可能会……, ……吧"。

2. A / V -(으)ㄹ지라도, N일지라도

   어떤 일을 양보하여 가정하나 그것이 뒤 절의 내용에 구속되지 않음을 나타내는 말이다.

표시假设性让步，即使承认前一事实，也会出现与之相反的后一事实。

译文：" 就算……，也要…… " " 不管……，都要…… "。

3. V -도록 하다

듣는 사람에게 어떤 행동을 명령하거나 권유할 때 사용한다.

向听者发布命令或给予劝告时使用，表示使动。

译文：" 要…… " ；" 让 " " 使 " " 叫 "。

4. N(으)로써

어떤 일의 수단,도구,재료임을 나타낸다. " -로 " 의 강조형식이다.

表示手段、工具、材料等，是 " 로 " 的强调形式。

译文：" 用 " " 通过 "。

5. N에 따라(서)

후행절은 선행절의 제약을 받아서 앞의 내용의 변화가 영향을 줄 때 많이 사용된다.

表示后项受前项的制约，随着前项的变化而变化。

译文：" 根据…… " " 按照…… " ；" 因……而…… " ；" 随着…… "。

6. V -기(를) 바라다

마음 속으로 무언가를 기대하고 바랄 때 사용한다.

表示说话人的期待或愿望。

译文：" 希望 "。

### 본문 课文：

克里：你那么忙还送我到机场真的太感激了。

利尔：哪里，我们是朋友嘛。你打算什么时候回韩国？那时我再来迎接你。

克里：真的吗？太感谢了！确定好日期肯定告诉你。我旅行这段时间，宝利就拜托给你了。

利尔：宝利我会尽心照顾好，不要担心。

克里：实际上宝利的表现也是因人而异的。他甚至不会靠近第一次见到的人。

利尔：没关系。上次我去你家玩的情景你忘了吗？

克里：啊，对了！利尔，你见过宝利啊!突然一时忘记了。

利尔：是，那时宝利不是在我膝盖上坐着坐着就睡着了吗。宝利和我是相当亲密的关系。所以你放心，好好去玩吧。

克里：听你这么说我心就踏实了！啊！对了，在旅行的时候我也可能开机，请随时和我保持联系。

利尔：好的，就算再忙我也会接你的电话的。

克里：现在该走了，飞机时间快到了。

利尔：希望你这次旅行可以积累到很多经验。

克里：谢谢！那么，利尔你也保重身体。

## 읽기 阅读:

### 大家都在哪里约会呢?

即使有很酷的计划,如果天太热或太冷的话,也很难有个愉快的约会吧?不过,现在有一个特别的约会场所,天气不好也没有任何问题。

那个地方正是仁川机场。

几天前我去看了看,在那儿能做的事情真的很多。为了让大家也有一个愉快的约会,我把它介绍给你们。大家很好奇在机场可以如何约会吧?

首先,去仁川机场又快又便利的方式就是机场快轨。从首尔站到仁川机场大约需要1小时左右,但只需要花4000韩元。虽然周末下午堵车可能有点不方便,不过还是请乘坐一下可以看到大海的机场快轨吧。

在仁川机场站一下车就能看到一个电影院。那里展览着知名演员们的照片和国内电影海报,因为观众少,所以随时都能看电影。在电影院旁边有一个滑冰场,没有滑冰装备也可以现场租借滑冰,非常方便。

肚子饿的时候可以去机场地下餐厅看看。与机场上层的餐厅相比价格便宜,而且还可以吃到美味的食物。在机场的1层每个月都会有不同主题的文化演出,每天举行三次文化演出。演出时间希望您在官网上确认。希望大家可以在拥有多种体验的仁川机场度过愉快的周末。

## 듣기 听力:

斯坦帕尼:马里奥,你知道我们得去几号登机口么?

马 里 奥:请稍等一下。票在哪呢?

斯坦帕尼:好奇怪,飞机登机时间如果到了的话会广播的啊……。啊,现在正广播呢!

飞往纽约的DK1947航班开始登机了。请即将乘坐4点30分飞往纽约航班的乘客们来5号登机口。再通知一遍。在5号登机口4点30分飞往纽约的DK1947航班开始登机了。

现在马上要起飞了。请乘客们系上安全带,并请不要离开座位。现在开始大约10分钟左右不能使用电子产品。希望确认指示灯,即使指示灯关了,为了安全还是希望大家系好安全带。DK航空将用亲切安全的服务来报答各位乘客们的爱戴。谢谢!

大家好!我是这架飞机的机长托林。这架飞机是从首尔出发,途经日本成田机场飞往纽约的飞机。到达日本成田机场的飞行时间大约是2小时10分钟。请大家注意随着气流飞机会有点晃动。

## 문화 文化:

### 换钱(2)

(3)机场

对于刚下飞机的游客来讲,机场内的外币兑换处显然是最快捷最方便的了。机场兑换处用显眼的中文或英文写着"外汇兑换",一目了然。机场大厅有各大银行的兑换处,并清楚地标明了汇率。考虑到飞机晚点等情况,有的外币兑换处像商店一样24小时都可以提供外币兑换服务。但是,1年365天24小时营业的外币兑换处的手续费比市内银行略高,所以换得的金额会相对少一些。不过在您结束韩国之旅即将踏上回国的飞机前也可以把剩余的韩币在此换成人民币,方便回国使用。

（4）购物中心

在东大门DOOTA这类大型购物中心也有外币兑换处。在平日也营业到凌晨2点,所以晚间购物也很方便。但由于其便利性和顾客多等情况,尤其是周末,汇率并不理想。

★如果需要换钱一定要带上护照。★